En cas d'amour

Psychopathologie
de la vie amoureuse

Collection dirigée par Lidia Breda

Anne Dufourmantelle

En cas d'amour

Psychopathologie
de la vie amoureuse

Rivages poche
Petite Bibliothèque

Retrouvez l'ensemble des parutions
des Éditions Payot & Rivages sur

www.payot-rivages.fr

© 2009, Éditions Payot & Rivages
© 2012, Éditions Payot & Rivages
pour l'édition de poche
106, boulevard Saint-Germain – 75006 Paris

ISBN : 978-2-7436-2305-0

À Frédéric

ta paix. »

Les Aveux

Mina Tauher

Elle est sans âge, les cheveux retenus derrière la nuque, un tailleur de couleur neutre. Son visage porte les traits de l'absence, comme si elle n'était pas vraiment là. Elle s'avance dans la pièce, chacun de ses gestes est mesuré. La vie amoureuse semble n'avoir aucune prise sur ce corps. Sa beauté est formelle, sans aucun signe qui pourrait, de l'extérieur, l'identifier. Retranchée, pense l'analyste qui la regarde s'avancer, dire bonjour, s'excuser de son léger retard.

— Je voudrais que vous me débarrassiez de l'amour.

Sa voix inexpressive ressemble à celle de ces fous dont le délire n'entretient en apparence aucun rapport avec le sujet traité — comme si elle devait se risquer à découvert sur un champ de mines. Il ne s'agissait pourtant que d'un premier rendez-vous, comme on dit. Pas avec un amant, avec un psychanalyste.

Elle, la psychanalyste, ne peut s'empêcher de sourire. Sourire de cet aveu. Aveu d'une femme qui ne laisse aucun dehors altérer ni sa voix ni son regard. Yeux bleus défendant un espace assiégé. Elles sont deux, assises face à face dans l'intimité d'une pièce que les lampes protègent de l'obscurité.

11

– J'en serai bien incapable, madame.

Passe d'armes ? Les lames s'abaissent. Le silence s'éternise, occupe tout le champ. Dans le couloir, une porte claque. Bruit de clés. Le voisin de palier, se dit la psychanalyste, celui que ces hommes et femmes croisés en pleurs parfois dans l'escalier semblent ne pas trop déranger.

– ... Mais peut-être pouvez-vous me dire ce que vous entendez par amour ?
– C'est pour cela que je viens, je ne veux plus rien savoir de l'amour, je voudrais que vous puissiez m'éviter tout rapport avec cela, dorénavant.
– Il y avait donc un « avant » ?

La femme se penche vers son sac à main qu'elle avait posé contre le fauteuil – il est volumineux, sac de voyage larvé ? Pour quel départ ? Elle va s'en aller, se dit la psychanalyste, se lever et partir. Mais non, elle reprend la parole, sans la regarder.

– Je ne suis pas malade, ni délirante, juste triste. Je n'ai pas l'intention de vous parler de mon passé, je n'ai rien à révéler de ce qui intéresse a priori votre profession. Je suis venue vous voir parce que je vous ai entendue un jour par hasard à la radio et que j'ai aimé votre voix, je me suis dit que vous pouviez m'aider, c'est tout.

C'est la psychanalyste, à son tour, qui est gagnée par la tristesse. Elle est désolée, elle voudrait pouvoir lui dire très simplement : Restons ensemble encore un peu, je ne vous connais pas, ce que vous me demandez, je ne peux vous l'accorder, ce n'est pas en mon pouvoir, le voudrais-je pour moi-même que je ne le pourrais pas, mais restez là, parlons un peu...

La femme est debout maintenant, son sac à la main, désemparée. La psychanalyste ne se lève pas pour la raccompagner à la porte. Est-ce que tout commence toujours par ce désarroi ? l'amour, l'amitié, la haine, la guérison, la trahison ? Cette effraction en soi de l'autre. Cette pensée d'un autre qui s'empare de vous. Une émotion prend corps, quelque chose a lieu.

Elles demeurent en silence, pas encore très longtemps. C'est la femme qui met fin à la séance, aussi posément qu'elle était arrivée. « Je vous rappellerai, dit-elle à la porte, je m'appelle Mina Tauher. »

La psychanalyste éteint la lampe, range des papiers, s'attarde. La voix de cette femme ne la lâche pas, la manière, surtout, dont elle a dit cela : « Je voudrais que vous me débarrassiez de l'amour. » On aurait dit le début d'un conte. Alice égarée dans ce monde magique où quel que soit le bout du biscuit que l'on croque, on est toujours trop grand ou trop petit, le lapin blanc n'a pas le temps de vous répondre et le sourire du chat de Cheshire s'efface de manière inquiétante.

Reste cette chose-là qu'elle appelle : l'amour. Relire Flaubert, pense-t-elle alors que la nuit vient. Cruauté de l'éducation sentimentale, texte implacable. Et cette femme ? Une présence peut infuser en soi avec insistance, peut-être parce que, malgré sa demande, elle s'était refusée d'emblée à toute appropriation, toute interprétation, parce que aussi dans sa demande absurde il y avait de l'enfance désordonnée, livrée d'un bloc. « Je voudrais que vous me débarrassiez de l'amour. » Mais qu'imaginait-elle... qu'elle ne serait pas clouée comme les autres à la dépendance de l'amour, ses convulsions de parturiente, sa mauvaise foi, ses accès de jalousie accablants, son instinct de possession animal, sa loi du plus fort, son idiotie ?

Quelques jours plus tard, elle reçoit une lettre.

J'avais entendu votre voix et l'avais aimée. Je cherchais en vous une sœur, je veux dire une âme sœur et je n'ai trouvé qu'une psychanalyste sûre de son savoir. C'est un malentendu comme il y en a tant, banal en somme. Mais je ne sais plus si j'ai envie de continuer toute seule.

Immédiatement, elle sait qu'elle doit la joindre. Elle devine la menace sinueuse, sibylline, du renoncement. Elle relit cette dernière phrase et compose son numéro de portable qu'elle avait noté lors de la prise de rendez-vous. Une fois que la pensée de la mort vous happe, elle ne vous lâche pas si facilement. La mort est un chasseur qui sait patienter longtemps et n'abandonne pas une proie qui lui a fait signe une première fois.

– Pouvez-vous venir demain ? À vingt heures.

Mina Tauher accepte. Et la psychanalyste se dit qu'à nouveau les rôles sont inversés. C'est elle, Mina, qui jette ce « oui » bref de l'analyste à son patient, elle qui avait décidé de la fin de la première séance, qui s'était levée la première, signifiant ainsi la fin de l'entretien.

Il fait déjà nuit quand elle arrive. C'est le dernier rendez-vous. Les lampes laissent des pans d'ombre autour de grandes bibliothèques saturées de livres. La femme cette fois reste silencieuse, et ce qu'elle, la psychanalyste, en retour, reçoit de ce silence c'est l'imminence d'une catastrophe, de toute l'émotion contenue qui va déborder au premier mot.

– Vous ne pourrez jamais vous débarrasser de l'amour, commence-t-elle, brisant elle-même le silence au mépris des règles freudiennes les plus élémentaires. Nous venons de là, du lien, nous naissons encordés comme les alpinistes, attachés à un ventre, une âme, des tripes, une voix, nous venons du deux, nous mourrons seuls, c'est une certitude, et pour naître il a fallu passer par un arrachement dont nous n'avons même pas idée, si c'est de cet amour-là dont vous parlez, il n'y a rien à faire, il est dans vos poumons, votre cerveau, dans le moindre de vos gestes, il vous préexiste et sans le secours même d'aucun dieu il s'est déposé en vous comme la marque du premier lien. Et même si votre mère vous avait rejetée, abandonnée, haïe, ce que j'appelle ici « amour » est la possibilité d'un souffle qui a fait de vous un être vivant plutôt que mourant, vivant et espérant.

Elle se tait, réalisant qu'elle parle pour empêcher cette femme de se jeter dans la mort, que c'est présomptueux et enfantin à la fois, que ce n'est pas cela qu'on attend d'un analyste. Mina Tauher la regarde, apaisée, lui semble-t-il.

– Oh non, pour moi ce n'est pas si grave... Moi j'ai aimé un homme et j'ai cru, oui, mourir quand il m'a quitté. Ça arrive tous les jours n'est-ce pas ? Seulement c'était il y a vingt-cinq ans et je ne m'en remets pas. J'ai construit ma vie pour que jamais cette douleur ne puisse revenir et je tourne toute seule dans cette maison hantée. Je n'ose plus me rappeler de rien et je ne sais même plus si ce que j'ai vécu était vrai. C'est un mauvais film épouvante. À chaque craquement je crois que ça va revenir...

– Ça ?

– Oui, cette chose-là, cet amour insupportable.

À cet instant elle est plus forte, sa voix se pose dans la pénombre avec assurance, retenant plus loin le fantôme qu'elle évoque sans le nommer.

– ... Après j'ai aimé des femmes, non, pardon, j'ai désiré et j'ai partagé des moments de vie avec des femmes. Je n'ai connu aucun autre homme que lui. J'aurais pu prendre goût à ces rencontres, demeurer avec l'une d'elles, je viens de me séparer de la dernière, une musicienne, parce que je ne peux rien donner, ni attachement, ni promesse, ni avenir, je suis stérile de tout futur avec quiconque et je suis fatiguée. Elle relève la tête, n'allez pas me dire que je dois choisir – que je suis homosexuelle, les hommes et les femmes... Ce n'est pas ça la question, vous comprenez ?

La psychanalyste ne répond pas.

– C'est de l'amour dont j'ai peur, je voudrais qu'il ne revienne jamais mais je n'attends que lui, toute ma vie est suspendue à cette attente catastrophique. Je n'en peux plus. Je n'y arrive plus.

– J'aimerais vous aider. Je ne sais pas si je le peux.

– Je vais essayer de vous parler. On verra bien...

La psychanalyste se dit que décidément la patiente prenait la place qu'elle aurait dû tenir, avec mesure et circonspection tandis qu'elle-même se jetait dans la parole avec une impatience même pas déguisée. Frontale.

16

– Demain, à la même heure ?
– D'accord.

Ainsi était-elle revenue. Étrangement, le cadre ne se fixait pas, glissait entre leurs mains. À chaque séance était fixée la suivante, parfois le lendemain, parfois une semaine plus tard, parfois deux, trois jours, une fois même le même jour, tard dans la soirée. Mina Tauher se présentait avec une ponctualité de métronome, posant les billets sur la table avant même de prendre place face à elle, dans le fauteuil. Pas d'état d'âme, jamais de plainte, elle évoquait les choses avec précision, comme si tout cela ne la concernait que de très loin. Elle avait une mémoire étrangère et familière à la fois, déposée en elle comme une chambre d'archives.

– J'avais dix-sept ans, il était mon professeur de violon. On le disait surdoué, il arrivait toujours en retard, préparait des concours, qu'il finit par réussir d'ailleurs. Très vite, on est tombés amoureux. Il avait dix ans de plus que moi, une petite amie et un chat. Sa famille était russe et il mélangeait au français des mots de sa langue maternelle, ça lui donnait un genre, j'imagine. Il m'a quittée le jour de mes vingt ans, parce qu'il ne voulait pas gâcher ma vie, disait-il. Ce qu'il fit, définitivement.

La psychanalyste a du mal à la regarder parler, il y a une étrange obscénité dans cette bouche qui pourtant parle à voix basse sans toujours bien articuler les mots. Pourquoi ? Qu'y a-t-il dans cette bouche pour qu'elle ait tant de mal à la fixer, que cherche-t-elle à dissimuler, sa voracité ? Sous ce calme apparent, cette neutralité sans écho, une femme passionnée crie, c'est peut-être ce cri qu'elle voit déformer cette bouche sans qu'aucun son ne la distorde.

– ... Au début, j'ai accusé le coup. Je n'ai pas vu la faille s'ouvrir. Je me suis concentrée sur mes études, j'étais plutôt brillante, alors c'était facile. Ensuite, il y a eu cette fille qui m'a plu, une étudiante en art qui passait elle aussi le concours pour être conservateur, on l'a préparé ensemble puis on a dormi l'une contre l'autre et on a fini par faire l'amour sans même y avoir pensé je crois, il y avait du désir c'est vrai, c'était léger, nous étions concentrées sur le concours, nous l'avons eu toutes les deux, et ce fut la fin de l'histoire cet été-là. Je ne pensais à rien, Serge revenait dans mes rêves avec une patience pendulaire et moi j'étais moitié morte je crois. J'avais énormément maigri, on m'a fait consulter des médecins, ils ont parlé d'anorexie alors j'ai mangé pour les rassurer, sans avoir jamais faim. Ma faim avait disparu avec lui. Je ne l'ai jamais retrouvé, ni lui ni aucune autre vraie faim. Mais j'ai compris qu'il était plus facile d'être raisonnable, on vous laisse tranquille...

Séance après séance, ce face-à-face ne ressemblait à rien de ce que la psychanalyste connaissait, comme si tout se défaisait à mesure qu'elles s'avançaient ensemble vers des territoires hors mémoire. Rien sur lequel on puisse fonder le moindre espoir d'échange, de vérité, de métamorphose possible.

Un jour, la psychanalyste dut partir pour un colloque outre-Atlantique. Elle avait prévenu par avance tous ses patients – sauf une à qui elle avait oublié de le dire. Et qui était venue. Avait trouvé porte close. Était repartie en laissant un mot : *Vous n'êtes pas là je crois.* C'était Mina.

Dès son retour de New York, elle avait attendu son appel, mais elle savait déjà que la partie serait très difficile. Elle ne fit rien pourtant. Avec toute autre patiente, elle aurait agi différemment. L'aurait appelée, se serait excusée. Après tout, elle était responsable de cet oubli. Elle laisse pourtant passer les jours, les vendredis soir se succèdent. Elle ne reçoit ni message ni appel. Jusqu'à ce lundi de novembre où Mina Tauher se présente, comme elle l'a fait tant de fois, à l'heure où elle vient le plus souvent – le soir, en dernier rendez-vous. Et, ce soir-là, Mina Tauher lui parle enfin. De son attrait du corps des femmes, de son impossibilité d'aimer badgée sur sa poitrine comme un passe lui donnant droit à toutes les extravagances. Les femmes, elle dit s'en accommoder pour oublier Serge, le premier amant. Après toutes ces années, pourquoi avoir besoin d'un tel mensonge ? Pourquoi cette fixation, à quoi lui sert-elle ?

Le symptôme protège le lieu même du désir, il permet à l'inconscient de le garder caché, à l'abri des aléas de la vie et de la violence des émotions. Se fixer sur cet homme perdu à jamais c'est éviter de penser, d'aimer, d'être au présent, de pouvoir faire place à l'inattendu, c'est rester lové sur un trésor en poussière comme un nourrisson en attente du retour de sa mère et s'empêcher de vivre autre chose de plus fort que cette attente.

Mais qui avait ainsi placé l'attente au cœur du dispositif, quelles loyautés secrètes entretenait-elle avec tant d'obstination ? Mina Tauher n'acceptait de parler de ses ancêtres qu'à contrecœur, puisque tout ce qui se situait avant l'événement (l'abandon de Serge) était nul et non avenu, puisque la vie avait commencé et s'était achevée là, sans rémission possible. Ce fut donc au compte-gouttes qu'elle put recueillir des éléments de son histoire « d'avant », bien avant...

Et il n'y était question que d'attente. Pendant la guerre de 1914, son arrière-grand-mère avait attendu son fils unique parti sur le front allemand à dix-sept ans dans la hantise d'apprendre son décès. Elle avait été emportée par la grippe espagnole quelques jours avant son retour du front, alors qu'il avait traversé la guerre miraculeusement indemne de toute blessure grave. Ce fils, le grand-père de Mina, n'eut qu'un fils, Max, peu avant ses quarante ans, d'une jeune héritière russe aussi brièvement épousée que perdue. La jeune femme était tuberculeuse, ça ne se faisait plus de mourir de la tuberculose, c'est pourtant ainsi qu'elle finit, en crachant du sang comme dans les romans russes, ayant été mal soignée et probablement aussi d'un retour de couches difficile. De sa grand-mère russe, Mina ne gardait qu'une photo et une impression très floue de douceur et d'inaccessible mélancolie. Elle trouvait dans les chants traditionnels russes matière à pleurer des nuits entières. Elle qui ne laissait jamais l'émotion la déborder cédait aux larmes dès le premier air de balalaïka. Chagrin mêlé d'une extrême nervosité et excitation qui la faisait rechercher ces mauvais cabarets tziganes comme d'autres un peu de dope pour finir la semaine.

Ce grand-père soldat miraculé intrigue la psychanalyste. Ou plutôt ce rendez-vous manqué entre une mère et son fils pareil à une intrigue amoureuse mal nouée. Quelque chose d'incestueux flotte dans les décombres de cette histoire-là, dans les blancs de la mémoire, les impasses. Ce rendez-vous manqué dit une émotion trop violente pour être contenue, quelque chose qui s'étrangle dans la mort plutôt que dans la vie. Puis à nouveau cette jeune tuberculeuse à peine rencontrée épousée tombée enceinte tout de suite et aussitôt disparue d'une maladie dont elle n'aurait pas dû mourir. Étrange peine... Elle y pense comme si c'était dans l'entrelacs de sa propre généalogie qu'aurait résidé le mystère. Une nuit, elle fait un rêve. Elle se trouve dans une tranchée remplie de soldats morts et de quelques survivants épuisés. Elle attend, semble-t-il, un ordre de mission à leur transmettre qui ne vient pas – en substance, la missive aurait dit : vous pouvez rejoindre l'état-major, vous replier. Survivre. Elle est une messagère donc. Mais rien ne vient. On lui ordonne de repartir avec l'ambulance, de laisser là les autres. À ses côtés un blessé à la tête agonise, il meurt pendant le trajet.

Ce rêve l'a beaucoup angoissée. Tout d'abord, elle n'a pas fait le lien avec l'histoire de Mina, elle cherche dans sa vie ce que signifie l'attente vaine de ce message qui ne vient pas. Elle pense à la vanité de son métier. À ses échecs fréquents, aux moments de découragement, à cette patience exigée d'elle, aussi. Puis lui revient ce mot « tranchée » alors qu'elle traverse le jardin public encore désert, aux premières heures, de tout promeneur. Et si Mina se tenait encore elle-même dans cette tranchée à attendre de renverser le destin ? Pour le parer, le bouleverser, l'accomplir enfin. Faire que ce rendez-vous ait lieu, que la mère amoureuse revoie son fils et vive, que le fils ne perde pas l'épousée quelques semaines après qu'elle a donné naissance au père de Mina, que la boucle s'inverse et que les saccages soient suspendus, annulés par une trêve soudaine ?

Mina aimait les femmes sans le savoir. Elle croyait n'apprécier que leurs formes graciles et ce qu'elle appelait avec un mépris assez tendre leur cœur d'artichaut, elle croyait se servir d'elles et les asservir à sa froideur (ce qu'elle faisait d'ailleurs) alors que sa loyauté de petite-fille lui faisait conserver intact l'amour d'une arrière-grand-mère pour un fils inconstant. Romanesque mais improbable. Pourquoi se nourrirait-on de chagrins aussi anciens que le siècle alors que ce qui se passe ici et maintenant suffit amplement à la peine ? Dans son rêve, l'ambulance (ce que propose l'analyste en séance ?) ne sert à rien sinon à la sortir de là, elle : lui faire quitter le champ de bataille. Elle se souvient que c'était la même image qui s'était imposée à elle lorsqu'elle avait reçu Mina pour le premier entretien, une marcheuse désolée sur un champ de mines. Dans le rêve, le soldat blessé à la tête ne survit pas. Et les autres, les survivants ? On les laissera là, pas de missive salvatrice, pas de *deus ex machina* pour éviter d'autres combats, plus meurtriers encore. Elle ne sait pas si elle doit parler du rêve. Quelque chose la retient. Peut-être est-il trop tôt ? mais plus tard ce serait incongru. Comment lui dire, vous savez il y a longtemps j'ai rêvé de votre histoire... Et si le blessé c'était elle ?

Mina Tauher un soir oublie de payer. Et laisse à minuit un message affolé sur le répondeur de la psychanalyste. Comme si la faute était inexcusable. La séance suivante, elle est prête à tout arrêter, prend cet oubli comme un signe de refus de ce qui se passe de plus important dans le transfert. Signe d'ingratitude impardonnable aux yeux de Mina, auquel l'analyste ne peut qu'opposer le silence, secrètement soulagée qu'enfin une « faute » vienne troubler le cours de séances si impeccablement construites. Quelle est cette dette qui force le passage à l'acte ? Envers ou contre qui cette dette a-t-elle été contractée ?

Le père de Mina est le grand absent de sa généalogie familiale. Impossible de le faire apparaître. Homme politique relativement connu, sévère, jamais là. De sa mère aimante, effacée, elle parle volontiers, pour n'évoquer que sa mélancolique beauté. La psychanalyste se heurte à des mots de convenance, une filiation de façade. Refus poli d'entrer plus loin dans la petite enfance. « Je les vois de temps en temps, on ne se dit rien d'important. J'accomplis mon devoir de fille, c'est tout. » C'est avec une infinie lenteur que des bribes de souvenirs apparaissent, lambeaux déchirés d'un tissu informe qui n'a d'enfance que le nom : ni goût, ni odeurs, ni affection ne permettent un tant soit peu d'en reconstituer l'image. Cela avait été une enfance sans enfance. Des règles, des nourrices, des ordres, du travail, sorte de bagne qu'elle qualifiait elle-même de « serein », sans victime ni accusé.

Le trauma fait disparaître le sujet de la scène du crime. *Il ne s'est rien passé.* Il n'y a plus personne pour dire « je ». Et même quand les choses sont avérées, relatées, quand on a rassemblé les témoignages, trouvé le coupable : pas de sujet. Il n'y a pas de résilience possible, personne pour lire l'acte d'accusation. D'ailleurs il n'y a pas de victime non plus, les choses sont brouillées, rien n'est clair. Si un enfant est agressé au coin du bois par un inconnu et laissé pour mort, il vivra un calvaire physique et psychique mais pas cet espace dévasté du trauma que la honte envahit quand on ne peut pas nommer d'agresseur puisqu'il n'y a pas de victime.

L'enfant d'une voix hésitante vous dira que ce cousin plus âgé qui venait le caresser, c'est lui qui l'avait séduit en premier, la jeune fille prétendra que c'était l'amour qu'avait le père qui avait débordé, mais que personne ne peut comprendre qu'il s'agit quand même d'amour. Le trauma s'établit dans la honte, c'est-à-dire là où le sujet s'est abandonné lui-même ou trahi – et lui seul le sait. Alors il s'acharnera à « revivre » non pas exactement ce trauma, surtout pas (c'est sa hantise, que cela puisse « revenir »), mais à faire cercle autour de lui, jusqu'à en être dévasté intérieurement au point que l'événement se loge au centre de sa vie et le ronge intérieurement. Car là aussi est l'intensité. Puisqu'il y a survécu. Rien d'aussi intense ne lui est arrivé. C'est au moins 8 sur l'échelle de Richter. Alors il faut faire revenir l'intensité, en marge du quotidien, par des détails qui appartenaient à la scène initiale : ces détails, cette intensité, c'est ce qui s'est constitué comme réel *à la place du sujet*. Et en même temps, la nécessité de réparer va perdurer toute la vie. Y survivre ou y succomber, telle est l'alternative. Retrouver cette intensité en refoulant la cruauté et la honte, au lieu de l'effacement du sujet, n'est-ce pas ce que nous cherchons ? Le père de Mina est celui qui avait placé une herse sur toute effraction possible des senti-ments. Il avait forgé chez sa fille la même implacable indifférence qu'offrait son visage à lui – instantané gelé. C'est à ce moment-là, en consultant le livret familial du père – à défaut d'autre accès possible à ce père, c'est ce que lui avait proposé la psychanalyste, faire parler les archives – qu'elle apprend qu'il était le jumeau d'un frère mort à la naissance. Appelé Serge ou plutôt Sergueï ; un prénom russe.

Il est tard, comme à l'accoutumée, Mina arrive ce soir-là en retard. Elle dit avoir retrouvé sur Internet la trace de celui qu'elle cherchait, son premier amour. Elle n'avait jamais osé interroger son nom et puis elle l'avait retrouvé sur Face-book. Ils ont rendez-vous. Elle sait qu'elle ne verra pas celui qu'elle a imaginé pendant vingt-cinq ans, celui qui a été l'alibi de tous ses compromis, elle comprend soudain le mensonge sur quoi repose son fragile équilibre. Avec lui, avec l'histoire de cet amour impossible et perdu, elle sauvait tout : l'arrière-grand-mère qui pleurait son fils disparu, le grand-père dont la femme avait été emportée peu après leur rencontre, elle ressuscitait le frère disparu du père dont son premier amour portait le prénom, elle était cette femme qui serait là jusqu'au dernier jour à attendre. À racheter toutes les attentes. Toutes les disparitions.

Mina Tauher, ses plaies cousues à vif dans les douleurs d'une autre. *Retranchée*, pense à nouveau l'analyste. Le rêve du musicien n'était-il là que pour l'autoriser à aimer sans se donner à ces femmes fragiles qu'elle maternait et renvoyait dès qu'elles étaient trop fortes ? Elle était retranchée dans un corps qui n'avait rien d'autre à offrir que ce combat : ne pas se rendre. Affolée contre sa propre dépendance. C'est toujours la même histoire... finalement, ce qui se répète dans l'amour, ce sont les conditions de son apparition ; c'est l'acte de naissance des fantômes, dit Jean-Max Gaudillière [1], quand dans l'amour ceux qui surgissent en arrière des visages aimés superposent leur corps sépulcral à celui encore vivant des vivants.

---

1. Je renvoie à ce très beau et indispensable livre de Françoise Davoine et Jean-Max Gaudillière, *Histoire et Trauma*, Stock, 2007.

Mina Tauher est retournée à la musique, elle apprend avec patience à jouer d'un autre instrument que celui de sa passion torturante. Elle y passe du temps, beaucoup, s'y épuise. Elle est devenue accompagnatrice. Se produit sur scène avec des chanteurs lyriques et dans cette présence, et cet effacement aussi, se retrouve peu à peu. La scène de son premier amour a disparu de l'horizon de son désir, il s'est trouvé relégué dans la malle aux marionnettes et aux jouets cassés. Elle ne s'est pas rendue au rendez-vous. Devenir pianiste à quarante ans n'est pas facile, mais elle improvise une vie que l'attente ne fige pas dans une rigidité éternelle, la sienne qui sait, une vie où la répétition n'a pas emporté le dernier acte vers la mort mais plutôt vers la musique.

Le destin de Mina Tauher s'apparente à une partie de dés que les protagonistes auraient commencée pendant la guerre, dans les tranchées, et poursuivie autour de son amour à elle de jeune fille, dans la résonance et les cordes trop tendues d'une attente suspendue. Une partie dont les enjeux lui avaient été dérobés, personne ne sachant qui était promis à la mort et qui attendait qui depuis la nuit des temps. La tombée du jour sied aux métamorphoses, et c'est parfois dans l'entre-deux de cette exploration qui guide les deux protagonistes, dans la pénombre d'un bureau d'analyste, que l'horizon peut s'ouvrir, jamais là où l'on croit.

Penser la répétition

Pour Deleuze, la force commune à Kierkegaard et à Nietzsche est d'avoir fait de la répétition non seulement une puissance propre du langage et de la pensée mais la catégorie fondamentale de la philosophie de l'avenir. La répétition, remarque-t-il, est liée pour eux à une épreuve – une épreuve sélective. Nietzsche écrit qu'il faut libérer la volonté de tout ce qui l'enchaîne en faisant de la répétition l'objet même du vouloir. Une pathologie supérieure, en quelque sorte. Quant à Kierkegaard, il fait de la répétition le fait pur d'un concept forcé de passer comme tel à l'existence. La psychanalyse, dans le sillage de Schopenhauer et de Spinoza, aura ensuite tenté de penser la répétition comme compulsion. Autrement dit elle s'efforcera de penser cette « volonté » en nous de revivre la même situation, la même émotion, le même affect, si douloureux soient-ils. En effet, ce dont les patients souffrent – sans en comprendre l'origine ni le mode opératoire – se présente d'abord comme une répétition. C'est la litanie répétitive du symptôme qui pèse sur la vie du sujet en l'empêchant de s'en sortir, comme une nasse dont le maillage trop serré ne laisse plus de respiration possible. Insomnies, maux de tête, affections cutanées, phobies et vertiges, mais aussi abandons répétés, violences

27

conjugales, crises dépressives, envies d'en finir, les symptômes font boucle autour d'un x inconnu, cet objet du désir qui se dérobe même à être représenté. Cette répétition est-elle un choix ou une fatalité ? Sur quelle cartographie psychique est-elle repérable – et comment ?

Du point de vue clinique, ce qui amène Mina Tauher à consulter n'est-il qu'un des effets de cette répétition inaugurée par l'attente traumatique d'un fils envoyé au front ? L'impasse progressive à laquelle conduit la répétition est une sorte d'anesthésie générale plus ou moins violente. Ce qui se répète ce sont les chagrins d'amour, le sentiment d'impuissance, les insomnies, les colères. Un jour, on se rend compte que sous l'apparente diversité de nos expériences et la distribution (malheureuse, croit-on) du hasard, il y a peut être une logique du désir qui conduit sa vie à se fracasser au même endroit, sur un même affect. Et l'on commence alors à chercher quel est ce malin génie qui « veut » à notre insu la répétition des crises. Par exemple, l'un croit sa femme hystérique, la quitte, rencontre une douce jeune fille et les crises d'hystérie recommencent. Contre toute attente la jeune fille s'est révélée une furie. Mais lui, que vient-il chercher dans ce recommencement sans cesse reconduit de ces crises ? À la surface de la plainte, rien ne bouge. Mais si l'on cherche dans les rêves, les actes manqués, la parole hésitante de qui se risque au bord de soi, si l'on écoute avec une patience et une précision de détective pourquoi il « faut que ça se répète », on arrive parfois à s'approcher de cette terreur que protège la répétition. Les crises d'angoisse, la peur d'être abandonnée, les symptômes, sont là pour empêcher le sujet de percevoir les loyautés infantiles qui le protègent. Plus insistantes que le moi lui-même, elles maintiennent fermé le champ de l'avenir.

La répétition, selon Freud, peut être lue comme le produit de l'affolement de pulsions contraires : les pulsions érotiques excitant le sujet sans fin et les pulsions dites « de mort » dont procède l'exténuation de tout désir. Dans le champ de la pulsion de mort, plus d'excitation, plus de choix, plus d'anxiété même, c'est la répétition en boucle du même motif mortifère. Avec pour conséquence une vie sous cellophane, une vie éteinte, les médicaments prenant alors pendant un temps, avec la bénédiction médicale, le relais de l'angoisse.

Penser la répétition nous incite à revenir vers la Grèce ancienne. La tragédie grecque met en scène un héros qui s'héroïse en accomplissant le destin auquel de toutes façons il n'aurait pas échappé, qui le « veut » en quelque sorte et transforme ainsi, du moins dans la lecture nietzschéenne de l'*amor fati*, son impuissance en puissance. Mais le plus grand penseur, sans doute, de la répétition, c'est Kierkegaard. Prenant le contrepied de l'interprétation commune qui voudrait que la répétition, ce soit simplement ce qui se répète avec une légère différence, répéter, écrit-il, c'est se comporter, mais par rapport à quelque chose d'unique, de singulier, *qui n'a pas de semblable ou d'équivalent*. La répétition, loin d'être une réplique à l'identique, exprime une singularité contre le général, et, dans l'ordre temporel, la fracture du discontinu contre la permanence. Penser la répétition, c'est penser la discontinuité. La répétition spirituelle met en question la loi ou l'éthique, elle dénonce le caractère général au profit d'une réalité plus profonde, littéralement inouïe. Cette réalité est-elle

elle-même dicible ? L'homme peut-il la « vouloir »,
c'est la question qu'illustre le texte de Kierkegaard[1] :
La Répétition.

Un jeune homme part à Berlin retrouver l'émerveil-
lement d'un premier voyage effectué dans des conditions particulières. Étonnamment, tout le premier tiers
de l'ouvrage est la description d'une pièce de théâtre
que le jeune homme va revoir, et sa déception de
ne pas retrouver l'émotion première. L'enchantement
théâtral éprouvé plusieurs années auparavant donne
lieu à toute une réflexion sur la répétition esthétique
(ce qui en séance correspondrait au « revivre ça encore
une fois »). Kierkegaard écrit à propos des acteurs :
« Chaque possible du moi est une ombre qui rend un
son (...) dans la farce, les acteurs de second plan pro-
duisent leur effet grace à la catégorie abstraite du
général à laquelle ils arrivent par le quelconque de leur
être concret[2]. » Cette catégorie abstraite du général, on
pourrait aussi l'appeler la bêtise, « *stupidity*[3] ». La farce
est une mise en scène théâtralisée de la répétition, c'est-
à-dire la répétition à la deuxième puissance de la réalité
idéale. L'esthète valorise l'instant parce qu'il craint de
s'attacher au réel. Il est en perpétuel exil de lui-même,
mais la séduction le conforte dans ce moi qui n'est
que pur possible. Le narcissisme esthétisant de notre
société, fortement mis en évidence par les penseurs de
la postmodernité, semble à plusieurs égards très proche
de ce vertige de l'esthète pris dans la répétition mimé-

---

1. Søren Kierkegaard, *La Répétition*, *Œuvres complètes*, Éd. de
l'Orante, tome V, 1972, p. 21.
2. *Ibid.*
3. Voir le très beau livre de la philosophe américaine Avital
Ronell, *Stupidity*, coll. « L'autre pensée », Stock, 2008.

tique du pur possible. Dans la répétition esthétique, la névrose rejoue indéfiniment la même partie. Le moi assiste aux représentations théâtrales sans pouvoir changer un seul mot au texte prononcé et sans accès aux coulisses. La conscience seconde de la répétition s'oppose à l'immédiateté esthétique, parce qu'elle ne signifie pas seulement « une seconde fois » mais l'éternité dans l'instant. La répétition spirituelle est ainsi la condamnation de la mémoire comme ressouvenir.

Le jeune homme de la nouvelle de Kierkegaard est irrité car il comprend qu'il faudrait justement ne pas vouloir la répétition pour qu'elle ait lieu. À son retour, il réfléchit sur le sens même de cette « reprise » tant espérée et non accordée et l'oppose au ressouvenir grec (où tout est déjà inscrit). Ce qui tue la possibilité de toute répétition, c'est encore notre volonté de faire en sorte que le temps soit le lieu de la manifestation de l'idée. Or la répétition est transcendante, elle est peut-être même « trop transcendante pour être pensée ». On comprend pourquoi Kierkegaard a tant de scrupules à faire de la répétition une catégorie du temps vécu, dès lors que celle-ci ne peut être transmise ni comme exigence éthique ni comme réalité spirituelle, mais seulement comme vacillation au bord de l'abîme. Si la répétition passe par l'épreuve du sacrifice, c'est parce que seul un être qui vit la déréliction peut être conduit à l'extrême limite de son vouloir et de sa révolte ; là seulement paraît la possibilité du redoublement spirituel, le don par-delà. Cette épreuve n'est pas d'ordre esthétique, éthique ou dogmatique, elle est absolument transcendante. « La vie humaine ne se prête pas au redoublement », écrit Kierkegaard. C'est pourquoi seule la répétition spirituelle est vécue dans l'ordre de la liberté. La vie humaine n'offre pas de prise à la répétition car, à travers elle, c'est notre ancrage même dans le temporel qui est mis en question. La condition indispensable au redoublement repose sur un double mouvement vers l'infini, d'abord de la liberté relative vers la limite de la liberté absolue, pour retourner ensuite au temporel. Mais, écrit Kierkegaard, « le véritable redoublement de soi, sans un troisième terme faisant pression de l'extérieur est une impossibilité et réduit toute existence de cet ordre à une illusion ou une expérimentation [4] ».

Le concept de répétition est éminemment actuel dans la mesure où il préfigure l'interrogation fondamentale de la modernité sur la relation du sujet au temps. C'est par un acte décisif de liberté que le sujet se voit donner « une nouvelle fois » en quelque sorte accès à lui-même. Que cette altérité soit non récupérable par le concept comme l'est, chez Hegel, l'aliénation, indique assez qu'elle s'inscrit au commencement, comme à l'horizon de notre philosopher même, nous interrogeant sur l'énigmatique signification de cette reprise « qui est la tâche de la liberté ».

« Parce que je me retourne vers le passé, je vois l'avenir », écrit Kierkegaard. L'homme ne désire pas naturellement la répétition, car il lui faut affronter l'angoisse liée à l'incertitude radicale de l'avenir. La répétition suppose une radicale déprise du sujet à qui elle donne de vivre ce redoublement, ce don par-delà qui transforme la nature même du sujet.

Kierkegaard ne reniera jamais l'idée centrale que la répétition tourne autour d'un centre vide ; elle est la

---

4. Søren Kierkegaard, *Papirer* XA 396, trad. et citation H. Fenger « Début de l'homme de lettres », *Obliques*, p. 70.

révélation du retournement du temps dans la répétition spirituelle, quand l'instant décisif de l'éternité qui est l'acte de foi brise la répétition mortifère du destin et l'ouvre à « la plénitude du temps », cet instant décisif est la réconciliation de l'homme avec sa puissance créatrice. L'homme devient responsable de cette nouvelle condition qu'il a reçue et qui fonde son existence. Après la rupture de l'instant, la nouvelle existence se comprend comme une existence à un second degré. Ainsi la répétition est une naissance au second degré qui se fonde sur une transcendance. Au moyen de l'articulation des concepts de répétition et d'instant, Kierkegaard esquisse la problématique d'une pensée qui renonce à la fois à toute appropriation pensable d'une quelconque origine et s'ouvre à la perception de l'infini. L'origine chez Kierkegaard n'est pas à découvrir en arrière de nous comme un savoir historique mais à actualiser comme instant de décision. Dans cet instant de décision paradoxal, la vie s'origine une seconde fois. « Le retournement du temps dans la répétition spirituelle, écrit-il, (...) l'ouvre à la plénitude du temps [5]. »

La foi dans l'acte de parler, de promettre, demande un acte de confiance insensé dans l'Autre. En analyse, le seul fait d'oser dire « tout ce qui vous vient en tête », de pouvoir libérer ces mots perdus hantés par d'autres, les fantômes, de laisser se rouvrir des blessures infectées parce que tenues si longtemps au secret, est un bouleversement majeur. C'est de cette « répétition » spirituelle dont parle Kierkegaard, comme figure de l'inespéré.

---

5. S. Kierkegaard, *Miettes philosophiques*, *Œuvres complètes*, tome VII, 1973, p. 299.

33

Mina Tauher donnait rendez-vous à des femmes qu'elle convoquait au lieu de l'absence, sans possibilité pour elles de jamais être à la hauteur de l'Absent. Rendez-vous sans cesse reporté puisqu'elle les quittait d'ailleurs régulièrement de peur de s'attacher, qui sait, de démentir la promesse qu'elle s'était faite d'attendre toujours l'Absent et d'être déçue éternellement. La rupture avec la musicienne l'avait reconduite vers l'analyse – dernière tentative avant la fin ? – car peut-être qu'à travers la musique autre chose se nouait, de plus intime, de plus vivace. La musique « attaquait » le champ émotionnel si bien gardé de Mina. Il était donc urgent de s'en éloigner, mais quelle raison aurait-elle eue de vivre encore ? Elle savait que son premier amour ne serait jamais au rendez-vous, il ne pouvait pas l'être, c'était exclu du pacte depuis le début. Dans son *Discours sur les passions de l'amour*, Pascal écrit : « Les âmes propres à l'amour demandent une vie d'action qui éclate en événements nouveaux. Comme le dedans est mouvement, il faut aussi que le dehors le soit, et cette manière de vivre est un merveilleux acheminement à la passion. (...) Dans l'amour, on n'ose hasarder, parce que l'on craint de tout perdre : il faut pourtant avancer ; mais qui peut dire jusqu'où ? L'on tremble toujours jusqu'à ce que l'on ait trouvé ce point. La prudence ne fait rien pour s'y maintenir quand on l'a trouvé[6]. »

Mina voulait qu'on la débarrasse de l'amour. Pas de l'aimé, pas de l'absence, non de ce qui la portait elle à aimer, à être en vie, spirituellement et psychiquement, vivante dans toutes les fibres de son être et ainsi de faire mentir sa lignée fascinée par la mort, la dispari-

---

6. Pascal, *Écrits sur la grâce*, Rivages Poche, p. 200.

tion. Débarrassez-moi de la croyance mortifère en l'amour pour que je puisse aimer, pour que je puisse ne pas mourir ou disparaître à mon tour. C'est à son tour cet appel qu'elle était venue offrir.

La répétition spirituelle ici commence quand la magie de l'amour parfait, de l'amour fou se dissout, retourne à son origine nommée, que l'attente d'un enfant parti au front peut enfin être nommée et reconnue, parce que aller faire acte de la disparition, c'est ne plus mêler le sang des morts à celui des vivants, pour que peut-être quelque chose s'inaugure.

L'amour l'enfant

Tout a commencé en forêt. Un samedi de juillet, pique-nique organisé par les parents, amis des parents, cousins, famille éparpillée dans l'herbe, sensualité diffuse dans la chaleur de l'été. Le temps est à l'orage, il fait lourd et chaud, on se dénude, on nage dans la rivière, on s'amuse. L'homme explique attentivement à l'enfant où il peut trouver les libellules qu'il cherche, ils se perdent un peu en contrebas de la rivière, explorent ensemble la rive.

Soudain, en une seconde, l'enfant perd pied, une racine peut-être ou sa tentative maladroite d'attraper l'insecte aux ailes bleues et vertes, il ne s'en souviendra pas. Très vite, il a de l'eau dans les yeux, la bouche, les poumons. L'homme a plongé sans réfléchir, il retient l'enfant comme il peut, à quelques centimètres de la surface, là où déjà on ne voit plus rien. Puis il le remonte à bras le corps sur la berge. Trop fatigué pour appeler ? Le reste est incertain. Il le ranime comme il peut, lui fait cracher l'eau des poumons. Il aurait pu aller chercher les autres·mais il dira plus tard qu'il n'osait pas laisser l'enfant seul, qu'entre l'abandonner et aller chercher du secours, il a préféré rester là, près de lui. Il le réchauffe, le prend dans ses bras et le berce.

L'homme a trente ans, c'est un ami du père depuis toujours. Ils font ensemble du ski et leurs femmes se connaissent, ils étaient ensemble à l'université, ne se sont jamais perdus de vue depuis, même si leur lien s'est un peu distendu avec les années. L'homme n'a pas d'enfant. Lui, Raphaël, a cinq ans. C'est le premier fils du père, une petite sœur est née il y a un an. Elle dort sous les arbres, plus haut, entre les nappes et les ombrelles. L'homme ressent une émotion indicible devant ce corps abandonné là, et qui respire. Tout se confond, le soulagement et le désir, la peur de l'avoir perdu, la culpabilité de l'avoir entraîné au bord de l'eau, et la fierté de l'avoir sauvé.

L'homme et l'enfant au bord de la rivière. Image bucolique, chaleur. Et l'horreur si proche. D'être passé si près de la mort, comme en dessous d'elle-même, soulevant vos cheveux, enlaçant vos bras d'enfant, vous frôlant juste assez pour entrevoir le néant, la respiration qui s'arrête, et puis plus rien ? L'homme est absolument bouleversé, je veux dire existentiellement, mais il n'en sait rien encore.

Comment expliquer qu'un désir charnel naisse dans la détresse la plus exposée, face à la fragilité ? Combien de temps restent-ils là, enlacés à ce qu'il semble – pour ce qu'un regard, de loin, pouvait en voir... Or, précisément, il y avait un regard. Un témoin. L'une des deux filles au pair étrangères employées par les parents pour s'occuper des petits. La jeune étudiante hollandaise se tient pétrifiée un peu plus haut qu'eux, elle ne voit qu'un homme penché sur un enfant et l'embrassant. Elle s'échappe le cœur battant, revient sur la pelouse avec les autres. L'orage éclate, on range, on se rhabille. On cherche Raphaël et l'ami du père, on appelle. On voit l'ami faire de grands gestes, appeler, enchantement de la mort suspendu. On accourt. Le héros est entouré, l'enfant réchauffé, ranimé. Une voiture l'emmène rapidement à l'hôpital le plus proche.

L'enfant est devenu plasticien. Il a pris un autre nom comme on affronte sur l'arène l'animal noir. Il se marie très jeune, a deux enfants. Sa femme est africaine, ses enfants, métis, l'un plus clair que l'autre, yeux bleus, yeux noirs. Maison ouverte, entre le bush et le Paris bobo des années de fin de millénaire. À part une insomnie tenace qui le fait préférer vivre la nuit, emmener ses enfants à l'école et se coucher jusqu'à leur retour à quatre heures, puis là, commencer à travailler, pas de traces visibles de l'événement. Le nom qu'il s'est choisi est un gage donné au dieu féroce qui négocia avec l'homme le passage de son âme jusqu'à ce que la mort le rende, le dégorge lui, l'enfant, dans ces bras-là.

Et pourtant il y eut un procès, un grand fracas de haine.

La jeune fille, tourmentée, n'avait pas cru à la noyade. Les vêtements trempés, la pâleur de l'enfant, le regard bouleversé de l'homme – rien n'avait pu la convaincre qu'il ne s'agissait pas d'autre chose. D'abominable. Elle s'était décidée à parler, quelques mois plus tard. Au père, le meilleur ami, qui était là, auprès de l'enfant. Supposé coupable, déjà coupable. Le père eut peur de n'avoir rien vu, d'avoir trahi son enfant. Il oublia l'amitié et inventa le pervers. Il l'accusa de l'avoir trahi, lui, son fils et toute la famille. L'ami tenta de se défendre. Il répondit que c'était un acte irréfléchi. Un acte d'amour, sûrement oui, de courage aussi. Qu'il avait tout tenté pour le ranimer et l'avait tenu dans ses bras, oui, et rien de plus. De perversion, aucune, de mensonge, encore moins. Comment pouvait-on l'accuser, lui qui l'avait sauvé ? La mère devint une furie vengeresse comme on en voit dans les tragédies grecques, parée de certitudes, elle qui n'avait pas eu un geste tendre lorsqu'on lui avait rendu l'enfant et n'était pas restée près de lui dans la voiture qui l'emmenait vers l'hôpital.

Le procès eut lieu.

L'homme choisit de ne pas se défendre. Il se mura dans le silence. Se soumit aux examens psychologiques qui ne révélèrent rien. C'était trop tard. Il n'y avait rien pour étayer l'accusation hormis le témoignage très flou de la jeune fille. Elle était étrangère, avait quitté la France. On n'avait qu'une lettre. Un non-lieu fut prononcé.

L'homme ne parlait pas, il refusait de s'expliquer. Il savait que quelque chose d'irrévocable était arrivé ce jour-là, quelque chose d'intime dont il ne pourrait sans doute jamais rien dire. Il avait été un héros ordinaire, oui, sans doute possible. Il avait sauvé cet enfant. Et la vengeance avait déferlé sans le toucher parce qu'il était innocent. Mais innocent de quoi ? Coupable de quoi ? Avait déferlé sans l'atteindre trop, lui, en apparence.

Il avait quitté le pays, s'était réfugié en Italie où une amie lui offrait du travail. Diplômé, doué, il n'avait eu aucun problème à s'adapter à la capitale romaine. Pourtant, il souffrait. Il prit des drogues, pas très longtemps. Avec la cocaïne, il affrontait le fait d'avoir à échanger avec d'autres ignorant tout de sa vie des propos sans importance. Le mal progressait doucement. Ce mal était la naissance du désir. D'un désir fou qu'il avait eu de cet enfant qu'il n'avait pas touché sauf pour le ranimer, c'est-à-dire à peine et maladroitement comme on l'enseigne dans les manuels de secourisme : appuyer fort sur la poitrine, insuffler de l'air dans la bouche, aspirer, tourner le corps sur le côté.

Non-lieu. Que se passe-t-il quand il ne se passe rien ? Quand votre vie est retournée brutalement, comme un gant. Il avait pris son désir charnel pour une émotivité déplacée, maladive, due à l'accident, sa manière à lui de dire à la mort va t'en. N'avait plus jamais approché l'enfant pendant les quelques semaines qui suivirent l'accident, avant que ne parle la jeune fille, lorsqu'il était encore un héros, n'avait même pas effleuré ses joues. Et puis il y avait eu le procès. Ses amis l'avaient pris pour un pestiféré. Un an plus tard, tous s'étaient excusés, lui avaient écrit que c'était la mère qui était folle n'est-ce pas ? L'hypocrisie ordinaire en somme. Accuser qui ? Il s'était noyé dans le corps des femmes, en avait payé même pour lui faire oublier l'événement de ses trente ans. Mais il ne pouvait s'y soustraire. En rêvait. Ne parvenait ni à l'accepter ni à en parler. Il avait vécu avec une Italienne qui l'avait quitté pour un autre. Presque vingt-cinq ans plus tard, il s'était rendu à la première exposition de Raphaël, s'assurant auprès du galeriste de l'absence du peintre. Et c'est dans son refuge en Italie et dans sa rue qu'il le revit, quelques semaines plus tard. Il venait de fêter son anniversaire et tard dans la nuit revenait chez lui du restaurant où des amis romains l'avaient invité. Il faisait doux, cette douceur donnait envie de flâner, comme souvent à l'automne, en Italie. Il s'était assis à la terrasse du café comme il aimait le faire souvent, seul. Raphaël quittait à cet instant le café avec d'autres amis. Comment le reconnut-il ? Il le scrutait, cherchait visiblement. Puis il franchit l'espace qui les séparait et, très ému, se présenta. Les autres les laissèrent. Ils parlèrent toute la nuit, de tout sauf des rivières et des libellules. Raphaël insista pour le raccompagner chez lui, c'était l'aube déjà. Il s'attardait chez un ami à Rome et avait eu rendez-vous la veille avec un nouveau galeriste intéressé par son travail. Il avait tout le temps. Ils montèrent prendre un dernier café sur la terrasse.

Pendant deux jours, ils ne se quittèrent pas. S'aimèrent. Ni l'un ni l'autre n'avaient connu des hommes. Raphaël repartit par le train de nuit pour Paris. Ils ne se revirent jamais plus. C'est dix ans plus tard environ que la psychanalyste reçut l'homme revenu vivre à Paris.

Il ne savait pas, disait-il, pourquoi il venait. Sans doute, concéda-t-il, pour « avoir fait » l'expérience de l'analyse.

— Comme on « a fait » le mont Blanc ? sourit l'analyste.

— Oui, mais par la voie nord, répondit-il très sérieusement.

Avoir fait. Ce passé « composé » interrogeait l'analyste. La question était donc déjà réglée, sous scellés. Est-ce le rapport qu'il avait à l'amour ?

Très vite arriva la rivière. Par les rêves. Parce que ce sont eux, tout de même, qui mettent le feu aux poudres. Et nous enseignent. Les rêves ne montraient jamais rien d'autre qu'une rivière, avec une lassante et inquiétante insistance. Plus de personnages, ni d'événements, aucun geste. Des libellules.

C'était comme un très lent cauchemar dont il n'aurait pas compris la menace.

Sa culpabilité s'était si bien fossilisée qu'elle avait éteint tout désir. Deux mois plus tard, il mourut brusquement dans un accident. L'analyse fut-elle d'aucun secours ? Il avait parlé, pleuré. Les rêves s'étaient espacés. Ils avaient beaucoup ri, elle ne résistait pas à son humour. Les nuits s'étaient apaisées. Mais la paix ? Le désir ? L'intensité de la vie ? La création ? Il était seul au volant. Ne tua que lui-même. Un peu d'alcool dans le sang, mais pas assez pour l'ivresse. On ne saurait jamais.

Il y avait eu quinze séances. Deux par semaine, la seizième tombait le soir même de l'accident, elle avait volé en éclats avec lui dans un fracas de tôle.

Penser l'événement – un corps tombe dans une rivière, la mort qui vous prend puis qui se détache, l'amour qui survient –, c'est peut-être la chose la plus difficile qui soit donnée à la pensée. Alors a fortiori l'événement amoureux. Surtout lorsqu'il ne rentre dans aucun code.

Pédophilie ? il n'avait rien « fait » à cet enfant. Il avait fait l'amour à un adulte consentant de vingt-cinq ans. Homosexualité ? Toute sa vie il avait aimé les femmes, leur esprit et leur corps. Le désir de mourir ? Peut-être. Peut-être pas.

Dans *Le Banquet*, Socrate fait d'Éros le fils d'expédient et de pauvreté. C'est une femme, Diotime, qui lui inspire le discours sur l'amour qu'il offre à Alcibiade, enflammé d'amour pour lui. Et c'est à lui qu'il s'adresse, essentiellement. Socrate, dans *Le Banquet*, dit peu de chose en son nom, il fait parler Diotime à sa place. Nous savons que ce texte relève du temps de l'amour grec et c'est pourtant à cette dimension féminine qu'appartient le plus éminemment la défense de l'amour. On s'est beaucoup égaré sur ce que lui, Platon, nous désigne comme la vraie raison de l'amour, en croyant que c'est de mener le sujet sur les échelles qui lui permettent l'ascension vers un beau de plus en plus confondu avec le beau suprême. Et Lacan, sur ses traces, bien qu'empêtré, jargonnant, hésitant, écrit cette fulgurance que le désir dans son essence, c'est le désir de l'Autre et c'est ici qu'à proprement parler est la naissance de l'amour. « Si l'amour, c'est ce qui se passe dans cet objet vers lequel nous tendons la main par notre propre désir et qui, au moment où notre désir fait éclater son incendie, nous laisse apparaître un instant cette réponse, cette autre main qui se tend vers nous comme son désir [1]. »

L'événement fait effraction. Il ne peut pas se lire dans la continuité du réel. Il arrive. Il n'occupe aucune place préconçue, il est « traumatique » dans son essence même. Une promenade au bord de l'eau devient un acte sacré, le sauvetage d'une vie. Tout au bord de la mort, tout s'arrête. Il y a une discontinuité de surface entre tous les moments de la vie avant et ce qui se passe ensuite. De cet événement, l'enfant, inconscient, ne s'en souviendra pas. L'homme lui, en fut retourné. Ce fut pour lui de l'ordre de la conversion. Qu'appelle-t-on alors « désir » ? Qu'est-ce qui naît là au contact de cet enfant qu'il a pris dans ses bras pour le ramener à la vie, face à l'extrême proximité de la mort ? Ce désir est tout sauf un désir sexuel. Mais alors pourquoi l'ambiguïté, pourquoi la culpabilité encore, des années après ? Pourquoi le procès ?

---

1. Jacques Lacan, *Séminaire. Le transfert*, Gallimard, p. 216.

L'événement est un trauma parce qu'il ne s'appuie sur aucune donnée ancienne. Les soldats envoyés dans les tranchées n'avaient jamais pu concevoir une telle boucherie, l'inimaginable n'a aucun lieu où s'inscrire en nous, nulle part ne sont codés la boucherie inutile, la chair soulevée dans les airs, le meilleur ami éventré, nulle part même à l'autre bout du spectre le coup de foudre, la révélation, la stupeur. Il faut mobiliser des efforts inouïs pour rester vivant, pensant et désirant face à la déflagration. Le désir vient dans l'événement comme la tentative de rester debout, rassemblé face à ce qui s'ouvre de vertigineux.

Vouloir plonger avec lui, avec l'enfant, dans la rivière. Voilà ce que disaient les rêves. Il plongeait et mourait à son tour, pas à sa place, avec lui. Les rêves en cauchemars tournaient infiniment la même boucle, celle que le désir avait tenue à distance de toute sa force. L'enfant avait entendu parler du procès, il avait lui subi toute cette boue, trop petit pour parler, être convoqué, cela avait « ravi » toute une part de son enfance. C'est à partir de ce témoignage de la jeune fille au pair que toute la machinerie judiciaire s'était mise en route. Et des années plus tard, lui, l'enfant avait choisi cet homme pour en faire son amant, pour leur dire en quelque sorte à eux tous : Celui que vous avez imaginé pour moi, dans l'inceste, la perversion, la trahison, moi je l'aimerai, je l'emmènerai et je le quitterai. Et lui, l'homme de la rivière, par culpabilité, fascination, désir ancien, s'était laissé emmener dans cette histoire d'amour sans jamais, d'ailleurs, aller au-delà de la surface du corps du jeune homme, ne pouvant, ne voulant, forcer ni entrer là où il n'était en réalité pas aimé. C'était très excitant oui, on peut éprouver du désir pour un homme même lorsqu'on n'a jamais auparavant couché avec aucun, mais cela ne fait pas de vous ni un pervers, ni un violeur, ni même un jouisseur. Il y a une peine mélancolique à se trouver là dans les bras de qui dit vous aimer pour réparer sa propre histoire, mais pas pour vous.

L'événement, pour Husserl, est ce dont la phénoménologie ne peut rendre compte. Parce que les données de la perception sont pour le sujet un filtre qui n'assigne au réel qu'une limite formelle. On ne peut donc jamais atteindre le réel – ce à quoi Lacan souscrira par un autre biais. L'événement transcende notre capacité à le penser puisque la pensée naît précisément de ce heurt entre le réel et ce qui nous parvient, les frontières de ce « nous » étant gardées, depuis l'espace et le temps jusqu'aux données de la conscience, par l'expérience passée et la constitution même de notre être. Comment faire « acte d'hospitalité » inconditionnelle, dans la pensée, dans notre être même, à ce qui n'en a jamais eu. C'est penser le lieu même du vide d'une certaine manière. L'événement dans sa brutalité appelle le rituel, la croyance, le sacré. Faire de l'événement un sacrifice c'est lui trouver un ordre, une place, une justification. Sauver un enfant cela existe, c'est répertorié quelque part, un acte pédophile aussi, mais l'événement pur ne se laisse pas catégoriser ainsi. Et ce fut tout l'effort de la philosophie de tenter de prendre dans ses rets quelque chose d'aussi libre, déplacé, fracassant que l'événement, sans tenter de l'arraisonner dans l'espace du religieux, de la superstition ou du destin. L'amour, ou plutôt le désir, est de cet ordre, sans doute est-ce pour cela qu'il rend fou l'humanité, qu'il la fait dérailler depuis toujours ; encore et encore.

L'événement ne peut être laissé là, hors langage. Il est comme le trauma destiné (en cela oui, il y a du destin dans cette histoire) à reparaître, à trouver une issue, une justification, une place. Il faut à tout prix lui trouver une place, l'humaniser, le ramener à soi comme l'enfant avec son doudou désarme la nuit (l'inquiétante, la trop vaste nuit, où rien de ce qui est familier dans la chambre d'enfant ne se reconnaît) – alors on échafaude une explication, on construit une raison et on trouve des déterminations de toutes sortes, on imagine le chemin qu'a dû parcourir l'événement pour arriver jusqu'à soi, lui inventant pour cela une nécessité. L'inéluctable soulage infiniment. Pouvoir penser que rien n'aurait pu se passer autrement éloigne de nous le trauma de l'incompréhensible prise sur nous de l'événement, sa part de nuit insécable, son étrangeté absolue que même la langue ne fera pas revenir de ce côté du monde.

Au cours de la première séance d'analyse, il s'était passé cette chose inattendue, terriblement soudaine : la psychanalyste s'était mise à pleurer, ou plus exactement, elle avait senti les larmes lui monter aux yeux. Elle s'était excusée un instant et s'était éloignée pour respirer, refouler les larmes qui, inexplicablement, menaçaient de l'emporter elle, face à cet homme très contenu, fatigué qui lui racontait un événement qui s'était passé il y a trente ans et auquel il cherchait à comprendre quelque chose. C'était la première fois que cela lui arrivait de cette façon et Dieu sait si en quinze ans de pratique elle avait entendu des choses plus terribles, injustes, douloureuses. C'est alors qu'elle se dit que cet homme, lorsqu'il avait sauvé l'enfant, avait de tout son désir d'homme refoulé la mort, l'avait empêché de prendre ce corps, cette âme, et que ce combat avait eu lieu dans son corps à lui en quelque sorte. Est-ce que ce n'est pas de la pensée magique : croire qu'on peut, comme Orphée s'approcher si près de la frontière avec les morts et ne pas laisser Eurydice redescendre parmi eux ? Le désir dans son essence s'oppose à la mort, il en est le seul véritable adversaire même lorsqu'il fait pacte avec elle c'est encore pour y trouver de la vie, de l'excitation, de l'intensité, le désir de vivre à la place d'un autre – l'enfant – qui lui aurait déjà consenti à mourir. Et quel est le prix qu'on paye pour avoir voulu la vie à tout prix à sa place à lui ?

Lui, l'homme, n'avait jamais pu pleurer. Elle était revenue dans la pièce et lorsqu'il l'avait regardée, elle vit qu'il avait vu, que quelque chose se scellait là, dans ce qu'on appelle le transfert (de qui ? de quoi ?) cette chose qui existe dans cet espace-là, unique, d'une rencontre qui a pour seul but la parole, autour d'une fiction élaborée lentement, cette vision de notre propre vie qu'on dépose auprès d'un autre, tandis que la vie continue.

Et comment faire hospitalité (à deux) dans la parole à un événement qui a fracturé votre vie ? En reliant les signes, en lui trouvant des traces ténues cachées dans la neige de votre enfance ? En soulevant des questions interdites, des filiations cachées, des secrets, des images confisquées... Mais, au final, il restera une fracture et rien ne fera qu'il pourra un jour s'apprivoiser, si ce n'est comme on vit à l'intérieur de soi avec les mots d'une langue étrangère.

Si véritablement ce désir qui l'avait bouleversé était un désir de vie contre la mort, il n'était pas pour autant étranger au désir sexuel, je veux dire que c'est la même source, mais ce n'était pas un désir de le prendre lui, de se satisfaire en lui ou avec lui, au contraire c'était une sorte de respect sacré qui l'avait tenu à distance du corps de l'enfant tout en le réchauffant. Elle ne cherchait pas à aseptiser cette histoire ni à justifier d'aucune façon ce qui aurait pu être trouble mais au contraire à comprendre ce trouble comme un événement traversant le corps et la psyché tout entière, arc-boutée contre l'événement de la mort qui prend corps. Mais de même que Lol V. Stein dans le roman de Duras se trouve « ravie » à elle-même d'une certaine manière définitivement et jamais ensuite ne peut entièrement revenir à elle-même, hantée, traversée, comme quelqu'un qui resterait pour une part avec cette béance en soi produite par cet événement, le ravissement, de même l'homme ne s'était plus jamais « appartenu » comme on s'appartient tous les jours dans l'inconscience, heureuse ou malheureuse, du quotidien, ou de ce qu'on appelle ainsi. Il s'était déplacé dans des paysages, des choses à faire, à dire, il avait rempli le temps, la pensée, de mille choses qui se rapportaient à lui, certes, mais de loin, avec cette place restée vide à l'intérieur – quand il avait fait barrage contre la mort, au bord de la rivière.

Rien de psychanalytique dans cette vision-là. Est-ce si sûr ? Le sacrifice emporte celui qui le réalise, car il ne sait pas ce qu'il donne au moment où il le donne, ou plus exactement quand on le lui prend. Quand Raphaël était venu le chercher, il l'avait en quelque sorte séduit pour venir à bout du « monstre sacré » de son enfance : violeur ? sauveur ? cela faisait beaucoup pour un seul homme. Il lui devait la vie, et son innocence aussi ? L'aimer, lui parler, passer deux jours et deux nuits enfermé avec lui dans une chambre, c'était descendre dans l'arène et affronter ce mythe, en bien ou en mal, dont on avait saturé son enfance. En le séduisant, il le réduisait aussi à un corps (vieux), à une parole (plutôt intelligente), il remettait de l'amitié, du désir, de la défaillance, du malentendu – bref, du vivant, là

48

où on lui avait dressé une stèle, père et mère au chevet de l'enfance outragée. Ainsi il devenait quitte de celui qui l'avait sauvé et pouvait, en effet, lui écrire, puis le quitter doucement, sans drame.

Et le témoin ? se disait-elle. Quelle étoffe donner à cette silhouette silencieuse qui du haut de la berge avait vu un homme et un enfant, enlacés ? Pourquoi la parole d'un témoin avait-elle fait procès ? Y avait-il là un travail de la vérité à laquelle il fallait malgré tout accorder une place... Qu'avait vu au juste cette jeune femme ? L'homme n'était pas allé chercher les secours. Il avait refermé ses bras et sa vie même sur cet enfant qu'à un certain moment il a su sauver. Et cet enfant sauvé, il l'avait gardé pour lui encore un peu, faisant rempart contre la mort avec toute sa force de vie. La jeune fille étrangère s'était trompée en lui prêtant un désir pervers, une trahison gravissime. Mais elle avait perçu une autre *hubris* à laquelle la loi avait répondu par un non-lieu : le sauveur avait été pour l'enfant, à cet instant-là, mère et père à la fois, et un Dieu salvateur. Il n'avait pas appelé au secours. Le péché d'orgueil, selon saint Thomas, est celui de se croire l'égal de Dieu, le dépositaire d'une âme en souffrance qu'il va envelopper, recueillir et sauver (quel analyste n'a pas été tenté à cette place-là ?) jusqu'à fusionner avec elle. C'est de cette fusion qu'attestait dans son « mal voir », sa malveillance – involontaire – la jeune fille. Preuve qu'il faut toujours accorder une place au témoin. Toutes les tragédies grecques nous l'enseignent. Il faut être attentif à la sagesse du chœur, même lorsqu'il est aveuglé dans son discernement.

La seconde séance avait été paisible. Deux amis en discussion, ou presque. Cette analyse ne ressemblait à

49

rien. Ensuite, cela avait été facile, ses mots à lui s'animaient d'une vie propre et, dans son silence à elle, il y avait un immense respect. Lorsqu'il était mort, elle avait été marcher le long de la Seine, sans y chercher d'improbables libellules, sans penser d'ailleurs à rien de précis, en observant la lumière de fin de journée s'attarder sur les quais, les promeneurs, la silhouette ventrue des péniches et des arches des ponts, et elle avait pensé que, dans cette disparition précipitée, (voulue ?), il y avait l'énigme d'une vie ramenée à son point de vacillement devant cette mort qu'il avait si longtemps tenue en respect.

« Ne me quitte pas »

L'homme qui prend place devant elle est comme mort. Le regard n'accroche rien, la peau est blême, les mains seules paraissent conserver un semblant de vie indépendante, elles vont et viennent dans l'air, se nouent et se dénouent, font un ballet de pleureuses tandis que le reste du corps est de pierre. On devrait davantage observer les minéraux, les cailloux, la lave pétrifiée, les fossiles, la roche – ils nous disent ce que nous sommes. C'est dans cette minéralité qu'on se retranche lorsque l'amour vous est retiré.

– Je n'ai plus de raison de vivre, dit-il, depuis qu'elle est partie.

Ensuite, silence. Qu'il serait obscène de briser, se dit la psychanalyste, mais qu'il est difficile de laisser durer. Ce qu'elle ressent en elle-même est un pâle écho de ce qu'il doit éprouver lui, dans cet espace où la rupture l'a laissé.

– Et pourtant, je voulais la quitter. Ça n'allait plus entre nous depuis assez longtemps, c'étaient des crises et des disputes dont nous sortions éreintés, malheureux, impuissants. On a bien essayé d'aller parler à quelqu'un tous les deux. Échec sur toute la ligne, je m'étais presque résigné tout en me disant qu'il faudrait avoir le courage de partir, lui dire que je partais. Et puis c'est elle, un jour, il y a un mois exactement, qui m'a dit : « Je m'en vais. » Non, elle ne m'a rien dit de tel, elle est partie c'est tout. Elle a profité d'un voyage d'affaires de trois jours que j'effectuais au Canada pour déserter.

Un peu de colère perce dans sa voix à ce moment-là, immédiatement submergée par l'émotion. Les sanglots sont proches. Il se tait. Tente de refouler le chagrin dans des limites tolérables ? Se peut-il qu'en une seconde l'absence de celui ou de celle que vous vouliez quitter, dont vous vous étiez séparé (virtuellement) depuis long-temps, qui ne vous attirait plus, puisse vous plonger dans une telle affliction ? Est-ce l'abandon qui vous happe soudain et ouvre en vous un abîme insoupçonné, hors de toute raison ? Vous pensiez lui annoncer une séparation prochaine, négocier entre humour et larmes les conditions d'un départ sans hystérie ni drame, vous pensiez avoir apprivoisé cette évidence : la quitter, et voilà soudain qu'elle vous a pris de court, elle est partie et plus rien ne tient, le sol s'effondre, la respiration vous manque et c'est suffoqué de chagrin, dans l'in-compréhension totale de ce qui vous arrive que vous demandez du secours. Comment résister à la violence de cet abandon ? Pourquoi, comment est-ce arrivé ?

La psychanalyste entend la douleur s'étrangler et se perdre, ne pas pouvoir se dire. C'est le corps entier qui se convulse, et dans la vacuité des mots, des images répétitives, des souvenirs béants, une plainte anonyme se fait entendre, sans visage et sans voix. Jeu de dupes où chacun croyait prendre l'autre aux rets du désamour.

Comme dans les comptines enfantines : X et Y sont dans un bateau, Y tombe à l'eau... qui reste ? c'est celui qui s'en va qui emporte la mise. Ce avec quoi il s'en va, c'est une grande partie du corps de l'autre, de sa tête, de son corps, de sa vie même. Lui, précisément, croyait être « décidé à la quitter » et vivait de cette illusion simple : bientôt je serai libre, il suffira de l'annoncer gentiment, on s'arrangera toujours. Il faut croire que l'abandon est une réalité bien plus violente, archaïque, éprouvante que l'amour. Qu'elle nous cueille, là où l'on croit être le mieux protégé, invulnérable.

L'abandon est le lieu premier de notre venir au monde. Là où nous avons affronté ce que signifie vivre quand l'autre n'est plus là, et pour un nourrisson de quelques jours, l'épreuve n'a sans doute aucun équivalent dans l'âge adulte. C'est la déréliction totale. Parce que tout de même nous venons du deux. L'être humain (et animal) est caractérisé par cette chose étrange dont Cyrulnik a si bien parlé[1] dans sa réflexion sur l'éthologie, il vient d'un autre. Dès le commencement le bébé est enveloppé, porté, enveloppé par le corps, la voix, la chaleur, la nourriture, le sommeil d'une autre. Pas de solitude originelle hormis dans quelques-uns de nos mythes fondateurs, la biologie en a décidé autrement, nous venons d'un ventre qui nous fabrique, nous abrite et nous porte pendant neuf mois (c'est très long...) avant que nous sortions seuls et soyons déclarés (seuls d'accord, mais n'existions-nous pas avant ?) « nés » un et unique jusqu'au jour de notre mort. Ce portage n'est pas sans incidence sur notre psyché, il en est même probablement l'un des déterminants majeurs – manière de rappeler que l'hospitalité est originelle. L'autre plus

---

1. Boris Cyrulnik, *Les Nourritures affectives*, Odile Jacob, 1993.

intime que nous-même à nous-même, comme le dit saint Augustin, cet autre sans cesse attendu, que se passe-t-il quand il nous abandonne ? Les adhérences que nous avons à l'égard de nos premiers attachements (je reprends à dessein un langage « animal ») ont des ramifications tellement plus profondes en nous que ce que l'on croit, créant tout un système de dettes et de loyautés étouffantes, qu'on peut en arriver à vouloir en finir avec la vie pour atteindre ce « hors la vie » où l'on serait enfin libre ; nombre de suicides, hélas, l'attestent.

La psychanalyste écoute cet homme. Elle ne dit presque rien, elle écoute. Il pleure et il parle, un peu, très peu, pour dire toujours les mêmes choses : « Elle me manque horriblement, c'est sa présence vous comprenez, on ne se disait presque rien, plus rien, mais elle était là... et dire que j'ai voulu qu'elle parte ! qu'elle me laisse, qu'on en finisse, j'en rêvais même..., si j'avais su ! Maintenant à chaque instant je me retourne et elle n'est pas là, c'est comme un membre fantôme, une partie de mon corps qui manque et soudain c'est insupportable, je quitte l'appartement, je passe la nuit dehors à fumer, à parler avec des inconnus dans des bars, ça n'aide pas mais le temps passe, la nuit surtout, le plus horrible ce sont les nuits. Pourtant il ne se passait presque plus rien entre nous, on se prenait un peu dans les bras et voilà mais elle était là, ça me pesait vous n'imaginez pas, je pensais à toutes les amantes que je manquais, que j'aurais pu avoir au lieu de son corps à elle inerte allongé près de moi, et comme il me manque maintenant. Je voudrais arrêter de vivre, de souffrir, vous ne pouvez pas comprendre... »

Elle reste silencieuse. Écoute ce flot interrompu de griefs et de pleurs. L'homme se recompose un peu avant de quitter le cabinet, sèche ses larmes comme un petit garçon, dit merci, paye. Merci de quoi ?

– Pour qui je pleure comme ça ? Pourquoi me manque-t-elle si horriblement, elle que je ne remarquais plus depuis des années peut-être ? Elle me le reprochait assez... Une fois elle était arrivée avec des bottes roses et un bandeau noir dans les cheveux, sorte de princesse russe mélangée de Barbie, vulgaire mais géniale aussi, j'avais adoré et elle avait détesté que j'adore. « Alors il faut que je me déguise pour que tu me regardes ! » m'avait-elle jeté à la figure. Ce soir-là, on s'était battus, je l'avais giflée je crois, comprenez-moi, je n'ai jamais touché une femme, c'est comme si un démon m'était sorti du corps, je n'y comprends rien », et il recommençait à pleurer.

Il ne s'alimentait plus que très peu, maigrissait à vue d'œil, et la psychanalyste se demandait jusqu'où irait ce manège, car finalement c'est comme si elle n'y croyait pas, elle non plus, à toute cette débauche de chagrin, pour rien, pour quelque chose venu trop tard, bien trop tard ; n'est-on pas responsable du temps où l'on aime ou bien peut-on se dédouaner de tout dans la vie au prétexte que l'on n'avait rien vu, rien compris ?

L'abandon est une zone franche où plus aucune règle n'a cours. Un lieu de désertion, un *no man's land*, comme dans ces espaces à découvert sur les champs de bataille encore un instant épargnés où les armées se font face sans avancer encore, et que l'on pourrait croire que ce suspens va durer toujours, s'éterniser, s'étendre aux autres territoires, mais non, à un moment ou à un autre, la vie reprend et avec elle la rage des combats meurtriers. L'abandon nous ramène à l'impuissance fondamentale de nos premières semaines de vie où, entièrement voué à l'autre – notre passion fondamentale au sens du « pâtir » tel que le conçoit Spinoza – nous espérons de lui, d'elle, une caresse, une parole, un geste, un signe au moins qui nous raccroche à la vie, à l'amour, au désir. Sans quoi nous errons dans ces limbes cauchemardesques où vivre n'équivaut à rien d'autre que survivre, mais pour qui ? où le relais que prend le corps pour tenir bon n'a qu'un temps et ne suffira pas. Personne ne s'aventure dans ces contrées et ne les revisite à moins d'y être obligé.

Que vaut une présence d'analyste contre cette violence de l'abandon ? De quoi peut-elle, à cet instant, vous protéger, vous préserver ? Puisque le mal est fait, que vous êtes retourné de par son départ à elle dans ce lent cauchemar qui semble ne jamais vouloir finir, d'autant plus incompréhensible à vos yeux que vous pensiez ne plus l'aimer... de quoi est fait l'amour alors, de quel ravaudage, de quelle fabrique mal tissée, rapiécée, tient-il sa consistance pour valoir si peu et résister pourtant ?

Ce qu'on met de soi dans l'autre est infiniment plus vaste que ce qu'on croit lui confier. Quelquefois c'est sa propre vie, d'autres fois c'est son âme, sa vocation, sa sauvagerie, sa misère, une dette ancestrale, c'est toujours exorbitant, une valeur passée en douce, clandestine, que l'on s'échange dès le premier regard. Pacte secret qui échappe au destinataire comme à celui qui l'envoie, chacun se chargeant de cacher le fardeau très loin en soi, à l'abri.

Au cours d'une séance, une parmi d'autres où rien de particulier, semble-t-il, n'émergeait, la psychanalyste remarqua qu'il ne pleurait plus. Et brusquement, elle a entrevu un autre personnage, charmant et drôle. Avant de partir, en se relevant, il lui dit que la veille lui était revenu, avec insistance, un souvenir d'enfance. Il devait avoir huit ans et attendait sa mère à la fenêtre, la guettant des yeux jusque tard dans la soirée. Il ne savait jamais d'où elle arriverait, et toujours c'était elle qui le surprenait le premier, elle lui passait en riant la main sur sa nuque ou lui cachait les yeux de sa paume, ses yeux à lui qui scrutaient la rue et l'attendaient s'il le fallait toute la nuit.

— C'est étrange n'est-ce pas, cela a dû se passer dix fois mille fois je ne sais plus, j'aurais dû savoir pourtant qu'elle n'arriverait pas par là, je n'étais pas crétin à ce point, mais non je me faisais toujours avoir.

— Et vous aimiez cela.

— Oui, parce qu'elle riait, elle avait un rire de gorge, en cascade, cela la ravissait je crois de me surprendre ainsi.

— Faire ce plaisir à sa mère n'est pas donné à tous les enfants, c'est merveilleux, cela vaut bien de faire semblant d'attendre pendant au moins dix ans.

Il resta silencieux.

— ... C'est vrai, je n'y ai pas pensé. Que tout cela pouvait être une sorte de jeu.

— De pacte ?

— Tacite, oui, bien sûr, c'est évident maintenant. Je savais qu'elle viendrait derrière moi et je ne me retournais pas. Je continuais à regarder tout droit, à scruter les moindres détails de cette rue que je pourrais vous dessiner de mémoire, centimètre par centimètre, je vous le jure.

L'abandon est littéralement impensable. Puisqu'il vient d'une contrée inconnue, celle où l'on aurait été d'emblée et existentiellement seul. Resté seul. Ce avec quoi l'événement de la naissance nous laisse est cette tâche immense d'accomplir notre solitude, je veux dire que ce que nous découvrons là, en venant au monde, c'est une qualité d'être qui apprend à devenir seul, et ce devenir solitude est lié à notre humanité la plus intime, nous ne naissons pas autonome (et jusqu'à présent nous ne naissons pas non plus d'une seule cellule), le deux originaire qui devient soi-même, le singulier présent qui peut dire « je » est un apprentissage très long, mortel. Toute la philosophie n'a cessé d'être hantée par ce thème de la solitude, de ce singulier existant abandonné à être, dans sa tâche de penser et d'agir avec et contre le monde. Le déploiement psychique, l'espace intérieur qui nous façonne, avec quoi nous nous élevons jusqu'à l'âge adulte, n'a de cesse de rencontrer l'autre à nouveau pour écarter ce que cette solitude construit silencieusement et ainsi, de passage en passage, aller vers cette reconnaissance de l'autre qui ne va pas sans acceptation d'une intime solitude. L'abandon renvoie à cette terreur première et là tous les visages sont brouillés, les plus aimés, les plus méprisés s'effacent pour ne laisser que cette peur nue ; être à jamais seul. Presque tous les suicides sont accolés à cette terreur-là, de l'inutilité de vouloir communiquer à l'autre ce qui vous est le plus précieux car c'est le vide qui vous attend, et en dernier recours *take your own life* (prendre sa propre vie), comme on dit en anglais, c'est encore tenter un dernier et souvent implacable appel.

Peut-on ne vivre que pour soi ? Qui est cet autre secret auquel tout discours, aussi intérieur soit-il, s'adresse ? Dans le chagrin d'amour celui qui nous est arraché n'est pas celui ou celle qu'on aimait la nuit, qu'on regardait le matin, à qui on parlait chaque jour, c'est d'abord l'autre inconnu de cette voix intime, le réceptacle de nos pensées en nous qui se trouve brutalement orphelin ; et c'est cette séparation à vif, en nous-même, cette ligne de faille brusquement ouverte comme elle le fut pour chacun de nous à la naissance, qui nous précipite dans le sentiment que « tout est fini », que la vie même s'achève avec cet abandon. Lorsqu'un écrivain est à l'écoute de ces multiples voix qui le convoquent à écrire, lorsqu'un peintre obéit à l'image intérieure qui se présente à lui et tente de la représenter sur une toile ou tout autre support, il est en rapport avec ce « je est un autre » que toute création convoque et ranime. Ce qui est addictif dans la création, ce pour quoi un peintre ou un musicien n'échangerait aucun autre destin contre cet état troublant dans lequel vous met l'acte de création quand il survient, n'est pas étranger, semble-t-il, à cette solitude surmontée qui ranime intérieurement cette ligne de faille conjurée en soi, pour cette fois encore, dans et par l'œuvre qui se dessine dans ce geste, cette pensée, cet écho.

Il n'y a pas de résolution miraculeuse à l'abandon. La femme de cet homme perdu, un jour, est revenue. Il la trouva chez lui un dimanche alors qu'il était rentré plus tôt que d'habitude. À sa grande surprise, il n'en éprouva pas de choc, (le choc, a posteriori, étant de ne pas en avoir éprouvé un). Il ne sut que lui dire, il s'assit en face d'elle sans enlever son manteau (il était engoncé dans une pelisse avec des gants et une écharpe, il faisait très froid ce mois de janvier), elle rit et lui dit qu'il pouvait se délester un peu. Ce mot-là, dira-t-il ensuite à l'analyste, l'amusa, comme si elle lui indiquait une nacelle accrochée quelque part dans l'atmosphère qu'il fallait délester de quelques sacs pour garder un peu de hauteur. Ils ne se parlèrent pas beaucoup, il lui offrit du thé, il était dix heures du soir, elle dit que, s'il voulait, elle pouvait lui rendre sa clé, « notre clé », a-t-il corrigé doucement, et qu'elle avait fait des bêtises. Il avait eu envie de la prendre dans ses bras mais n'avait pas osé, n'osait plus.

Elle était repartie ce soir-là et il ne l'avait pas retenue. Le lendemain, il demanda un rendez-vous à son analyste en urgence, désespéré de n'avoir rien su faire, effrayé par sa propre inconstance, il faillit dire *inconsistance*.

Il s'était assis en face d'elle, incapable, disait-il, de prendre place sur le divan, de prendre place tout court, tant il se sentait à la fois excité et abattu. « Je voudrais comprendre pourquoi je n'ai rien fait pour la retenir, je me heurte à ce mur chaque fois que je me rejoue la scène intérieurement. »

L'inconscient est une instance logique. Il joue plusieurs coups d'avance sur l'échiquier. Il tient en respect plusieurs menaces à la fois et vise à obtenir le maximum de satisfaction en tenant compte de l'adversaire.

– Première hypothèse, je ne voulais pas qu'elle revienne mais c'est absurde, je pleure depuis six mois son départ, deuxième hypothèse, je savais que si elle revenait, ce n'était pas un vrai retour, qu'elle repartirait encore, que ça me ferait encore plus mal. Et la dernière, je suis un pauvre imbécile qui n'a ni cœur ni cervelle. Il sourit. Qu'en dites-vous ?

– Vous êtes délivré, vous le savez et vous ne l'admettez pas.

– Délivré... ?

– ... de l'abandon, de cette peur qui nous tenaille, chacun, d'être abandonné.

En revenant, pensait la psychanalyste, elle vous a fait ce cadeau immense de pouvoir revenir sur l'angoisse de ce premier abandon. Je veux dire celui de cette mère que vous guettiez chaque soir et qui, le jour de vos dix-huit ans, est partie avec un homme en vous disant tu es grand maintenant, tu peux faire ta vie, vous abandonnant à cette seule réalité, à ce que vous pressentiez enfant lorsque vous l'attendiez là. Puisque vous ne savez même pas si elle est, aujourd'hui, encore vivante. Votre amie vous quittait certes, mais vous le désiriez aussi, et cela, malgré tout, on peut y survivre. L'abandon premier, maternel, lui, atteint la force première qui nous porte à désirer vivre. En revenant, elle vous délivrait comme les fées d'un ensorcellement certain. Ensuite, que vous l'aimiez assez pour la retenir c'est autre chose...

Mais elle ne pouvait pas le lui dire. Cela aurait été trop brutal. Il lui aurait jeté son amour à la tête et l'agitation dans laquelle il était ne présageait d'aucune écoute possible. Elle lui suggéra d'être particulièrement attentif à ses rêves. Il partit en lui disant que c'était de sa faute, il n'était qu'un pauvre idiot incapable d'aimer.

De prétextes en excuses nous nous avançons avec l'assurance de notre volonté et de nos actes, assortis d'un moindre doute. Mais depuis quand sommes-nous là où nous croyons être ? Il s'était conduit exactement comme il le souhaitait pour parvenir à se séparer d'elle une fois pour toutes, devinant qu'en elle c'était une mère qu'il écartait et dont il revivait chaque fois un peu plus douloureusement l'abandon. Préférant ainsi croire qu'il avait perdu par sa seule goujaterie une femme qui était revenue vers lui, refusant de voir ce qu'il avait fait pour qu'elle le quitte, sûr d'être la victime et elle le bourreau dans une partie dont il préférait ignorer qu'il avait en grande partie réalisé l'orchestration.

Être abandonné, à défaut d'être une drogue dont dépendait sa vie, devint avec le retour manqué de sa femme, quelque chose d'envisageable. Une réalité supportable, pensable, partageable. Et elle, quelqu'un qui lui manquait. Ce qu'il pouvait aborder pour la première fois à travers l'idéalisation de cette femme deux fois « perdue » était le deuil non réalisé d'une mère mille fois espérée qui jamais n'arrivait du côté où il l'attendait, car il savait, comme le savent redoutablement les enfants, qu'un jour elle ne reviendrait plus jamais poser sa paume contre ses yeux pour le surprendre, et que sa vie serait destinée à céder sous le poids d'un abandon ancien comme l'enfance.

C'est alors qu'il tomba amoureux.

L'amour la guerre

Il était une fois une petite fille de dix ans qui avait l'air tout à fait heureuse. Elle était jolie et vive, les yeux plantés bien droits dans ceux de son interlocuteur quand elle lui parlait. Elle aimait danser et dessiner, peindre, compter et lire. Aux fenêtres de sa chambre étaient accrochés des messages en forme de guirlandes qui disaient en substance : attention au loup ! Le loup était ce drôle d'animal qui la terrorisait depuis toute petite, caché derrière le rideau de la chambre ou dans l'épais feuillage du jardin, et qu'elle tenait en respect avec ces petits papiers entrelacés et collés aux vitres, elle exigeait aussi de la lumière dans sa chambre toute la nuit et des pensées joyeuses pour lui tenir compagnie. Il ne fallait pas baisser la garde car on ne savait jamais ce que le loup pouvait inventer. Jamais elle n'avait parlé de cette peur à quiconque, cela faisait partie de son pacte avec lui : le loup, tu ne t'approches pas et moi je ne parle pas de toi. Hormis cela, elle était gaie, avait des amis (beaucoup), des tas d'histoires de petites jalousies à l'école compliquées à débrouiller et deux parents qui se disputaient tout le temps. Non, pis, qui s'aimaient, se haïssaient sans répit, ne se parlant qu'à travers elle et la prenant pour témoin au téléphone et dans la rue, partout en fait dès qu'ils étaient malheureux (souvent) du tort que l'autre leur faisait. C'était une petite musique barbare recommencée chaque jour, une ritournelle épuisante.

Lorsque deux parents se déchirent, ils ne font pas toujours des enfants tristes. En fait, les enfants ne peuvent pas se payer ce luxe, ils sont trop occupés à soutenir leurs parents, à tenter d'être à la hauteur, à leur faire croire que la vie est possible et qu'elle vaut la peine. Ils sont exemplaires, de petits soldats bien droits dans leurs bottes, armes légères au poing et l'œil rivé sur la ligne d'horizon, éternellement sur le qui-vive. Ils ne dorment pas beaucoup, pleurent très peu et ne se plaignent pas.

Ils apprennent jour après jour que l'amour c'est la guerre. Ce qu'ils appliqueront avec conscience et bonne volonté tout au long de leur vie.

On pense qu'ils ont réchappé à tout. On se dit que ce n'est pas si grave finalement, la mère s'en sort plutôt bien, le père est parti dans un autre pays, il en est revenu remarié avec un autre enfant, et tout ce petit monde se côtoie dans l'oubli du carnage des premières années. La petite fille est charmante, on la trouve magique. Ses parents se félicitent. L'oubli est la chose la mieux partagée du monde.

Mais elle a bien retenu cela, que l'amour c'est la guerre. De sa naissance à l'âge de dix ans, elle n'a connu que des nuits de disputes, ou presque. La violence dans les mots, le mépris, le chantage, l'intimidation. Des querelles et des retrouvailles, des vacances au bonheur fugitif quand la tension du quotidien s'apaisait, avant que la fureur jalouse de la mère ne reprenne. L'enfance comme un champ de bataille. Avec ordre de loyauté inconditionnelle.

Élise n'a peur de rien, que du loup. Le loup venu rôder dans les replis de l'ombre, dans chaque parcelle de ténèbre, chaque obscurcissement.

Quand ses parents se séparèrent, ce fut le soulagement. Brusquement, dans la maison, plus de cris. Mais très vite le silence qui les remplaça fut pire. La mère pleurait le soir, et le loup guettait, caché entre les rideaux et la fenêtre.

À vingt ans, elle était une brillante étudiante en architecture. Très jeune, elle s'était installée avec un ami et tout aussi rapidement ils avaient décidé de faire un enfant. Réparation réussie ? Pas de conflit dans ce couple d'une sagesse presque inquiétante, déjà un peu d'ennui et beaucoup de tendresse, d'attentions réciproques. Elle ne supportait toujours pas le noir et camouflait son angoisse en s'endormant très tard, le plus tard possible. C'est après sa deuxième fausse couche, plongée dans une affliction extrême, qu'elle décida de commencer une analyse.

La répétition est une légitimation. Vous répétez ce que vous avez surtout voulu fuir, ce qui vous a fait souffrir, mais pourquoi ? Pour en quelque sorte pardonner. Légitimer après coup une souffrance passée. Personne n'est coupable, ni vous ni eux, ils n'auraient pas pu faire autrement, la vie est ainsi. Comme si la fatalité signait la possibilité même de la survie. Cette loyauté nous aveugle, nous dépasse. Elle est comme un instinct sacrificiel qui ferait remonter des limbes jusqu'au présent la scène traumatique si bien enfouie. Vous croyez réparer, et là où vous mettez le plus d'énergie à ne pas répéter ce qu'ont fait vos parents, vous rentrez dans leurs traces sans vous en rendre compte, vous égalisez le sol et vous leur pardonnez en faisant comme eux.

En quoi Élise répétait-elle la guerre qui avait saccagé tranquillement son enfance ? Elle aimait et était aimée... C'est que la répétition n'est pas si simple... Elle n'est pas déchiffrable si aisément, elle réapparaît partiellement comme se représente à l'oreille un motif mélodique à peine reconnaissable, instrumenté différemment, et qui revient sourdre dans la partition, lui donner son armature si particulière.

Une répétition que l'on pourrait identifier facilement serait cousue de fil blanc, une sorte de trompe-l'œil. Nous ne sommes pas si bêtes. Non, la répétition se présente précisément comme irruption de la différence, toujours autre, différentielle. C'est un rapport qui se répète comme une fraction mathématique ; les deux chiffres peuvent changer, seul le rapport qui les unit reste le même. Il faut donc réduire la fraction pour faire apparaître l'égalité entre les deux termes. Le travail de l'analyste est le même que celui du mathématicien, mais c'est plutôt avec l'aide des rêves qu'il réduira la fraction. Observez le motif de la fugue de Bach. Ce qui revient est obsédant, car cela fait sans cesse apparaître ce qui n'a pas été, ce qui n'a pas eu lieu. C'est bien cela qui se répète : le manque. Et non le plein, l'à-vif, le trop. C'est au contraire ce qui ne s'est pas produit. Ce qui dans le lien a manqué, qui s'est dérobé, revient indéfiniment. Dans le réel. Car il n'a pas de mot pour se dire.

Quand la psychanalyste parle à Élise, elle la perçoit toujours de l'autre côté d'une frontière, recroquevillée, apeurée. Cette femme brillante, séduisante, capable d'une grande concentration et d'un travail phénoménal, travaillant tout en étudiant, alignant les défis, se tenait face à elle comme on fait face au monstre. Le monstre des histoires qu'on vous lit le soir. Elle avait l'impression qu'elle était fragile comme du verre, que l'enfant abandonné s'était construit une armure en acier avec de longues lames affûtées et une vision à large spectre. Surveillant les alentours. Pour qui viendrait la surprendre. Et surtout dans le noir. C'est toute cette armure qui risquerait de se fracasser d'un coup, soufflée comme du verre dans une explosion, qu'elle retient dans son silence. Et c'est du dehors qu'elle s'observe. Elle parle comme s'il ne s'agissait pas d'elle-même, posément, factuellement, cherchant à comprendre et sans apparente violence. Mais tellement aux aguets que c'en est épuisant. Épuisant de la voir se débattre dans ce combat avec aucun autre adversaire que ce temps arrêté là-bas, dans les guerres d'enfance. « Abandonnée sur pied », s'était dit la psychanalyste en l'écoutant. Comme se trouve abandonné un enfant quand la colère, les mots blessants, l'incompréhension, les coups et la rancœur occupent dans la maison la place et le cœur des parents. Quel espace restait-il à l'enfant ? Aucun. Car c'est d'abord l'enfant en eux que les parents saccageaient.

Nous sommes faits de la texture des fantômes, ceux qui ont fait notre lignée et les autres, les rencontres de passages, les rêves, les possibilités, les rendez-vous manqués, les espoirs. Nos fantômes savent mieux que nous ce à quoi nous avons renoncé. Être baignée dans la guerre (« baignée » et non « élevée » car être élevée, en ce cas, suppose une élévation, un soutien, alors que dans cette enfance-là, la peur est partout maîtresse du jeu) signifie qu'on ne peut ni s'offrir dans l'amour ni se perdre, seulement tenter de garder le fragile territoire qu'on a arraché à la violence. L'architecture, c'était la tentative d'Élise d'offrir aux autres la maison qu'elle aurait désirée pour elle-même, une maison du cœur qui vous garde et vous protège, où vous pouvez rêver, vous reposer, imaginer, aimer. Les fantômes n'ont pas peur de la mort, ils sont au-delà, ils vous regardent depuis l'autre côté, l'angoisse qui vous saisit leur est inconnue, ce sont des morts qui vous font signe depuis ce bord-ci de la vie.

Les fausses couches sont des accidents provoqués par différentes raisons physiologiques, psychologiques, mais une fois cela dit, quelle n'est pas notre ignorance de la souffrance éprouvée... Élise n'arrive pas à en parler, elle s'allonge soigneusement sur le divan, ôte ses chaussures selon un rituel immuable, comme si elle entrait là dans un navire que rien ne rattachait aux rives du quotidien, lieu enchanté monstrueux qui allait l'emmener... où ? Ces fœtus qui n'ont pas vécu la dévorent, elle pense qu'ils viennent de cette monstrueuse souffrance qui, enfant, lui faisait demander à la Sainte Vierge de la délivrer de leurs cris, des disputes et des larmes, de leur mauvaise foi sans limites, leurs réconciliations si fragiles avant la prochaine crise. L'espace réverbéré de leur affrontement était infini. Alors comment donner la vie, la garder en elle neuf mois, en confiance ? Quelle confiance ? Élise ne se repose que lorsqu'elle dessine ou conçoit des espaces fermés, protégés de tout dehors ; elle invente des passages, d'étranges couloirs, s'attarde sur tous ces lieux qui font limite entre le dedans-dehors, le passage de l'extérieur à l'intérieur, les halls, les entrées, les corridors, les fenêtres, les seuils, ça la fascine.

La psychanalyste tente de lui parler autrement, en lui racontant des histoires, les histoires qu'elle n'avait pas eu le temps d'écouter enfant, occupée qu'elle était à se cacher sous les draps en attendant que ça finisse, en priant le ciel que tout s'arrête enfin. La psychanalyste se rappelle les contes que sa mère lui lisait, faisant apparaître des univers où la logique est sur la tête, où les monstres deviennent des princes, où les princesses enfermées par les sorcières en haut de tours inatteignables sont sauvées par des colombes, où les chevaux ont des ailes et les chats savent parler. Élise s'apaise, elle ne cherche plus à tout prix à comprendre, à poser son angoisse dans de petites cases colorées sur des plans millimétrés. Elle commence à entrer dans la danse des mots d'enfants, ces paroles des contes qui ont un pouvoir de métamorphose très ancien, un pouvoir sur lequel personne ne peut avoir de mainmise, pas même (surtout pas) la conteuse. Élise pleure quelques fois et s'étonne, mais ça n'est pas triste, pardon, s'en excuse et se relève avec un visage rajeuni où il y a, soudain, un peu d'espace dans le regard, un espace sans ravages [1].

Elle parle très peu, écoute les histoires que l'analyste ne peut plus faire autrement que de raconter, comme un pacte secret. La psychanalyste relie des contes à d'autres contes, attrape aussi des morceaux de romans, *La Princesse de Clèves, Don Quichotte, Le Rouge et le Noir, La Prisonnière*, comme s'il y avait là non pas des clés mais des passages, les mêmes que ceux que la main d'Élise cherche quand elle trace sur les feuilles blanches les lieux promis à d'autres constructions, d'autres espaces.

Un jour Élise lui rapporte un rêve. C'est un bébé qu'elle tient par la main, il est malade, ses jambes sont

---

1. Marie-Madeleine Lessana, *Entre mère et filles, un ravage,* Fayard, 1999.

gelées et le froid gagne son corps, elle pense qu'elle ne pourra pas le sauver, elle le confie à une autre mère et s'en va, elle se perd dans le noir, elle va dans la maison de ses grands-parents maternels, elle sort dans le jardin, il fait jour tout à coup et, là, elle retrouve des ciseaux qu'elle a perdus il y a longtemps (dans la réalité c'était la veille, elle s'était énervée toute une soirée à chercher son cutter), elle les prend et se coupe, du sang jaillit, elle frotte sa main avec de la terre et le sang s'arrête, elle se dit alors que ce sont des ciseaux magiques, qu'elle les avait oubliés et les avait pris négligemment alors qu'il fallait les manier avec une extrême précaution car, avec eux en main, il ne pourrait plus rien lui arriver, elle avait une arme magique.

Elle dit ne rien comprendre à ce rêve, seulement il lui rappelait la maison de ses grands-parents chez qui elle vivait dans un havre de paix, pendant un mois par an, car ils habitaient loin, hors de toute haine. Ils étaient morts tous deux dans un accident de voiture lorsqu'elle avait quatorze ans, et la soudaineté de cette disparition autant que son incohérente brutalité avaient mis fin à la douceur de ces étés. La maison avait été vendue. Élise se demande pourquoi là aussi il avait fallu une mort violente à ces êtres qu'elle avait toujours perçus du côté de la douceur et de la générosité, de la mélancolie aussi. La grand-mère était américaine, elle était née l'année de la grande dépression et avait émigré avec ses parents loin d'une Amérique exsangue dans la famille d'accueil d'une lointaine cousine européenne. D'elle, il lui restait le souvenir de cet accent chanté et de son mauvais français, et des bouts de comptines qui faisaient ritournelle. La psychanalyste suggéra que le bébé du rêve, ce devait être elle, une partie de son être qu'elle remettait entre les mains de ses grands-parents, c'est-à-dire psychiquement dans un lieu préservé, protégé de toute attaque. La mort accidentelle de ses grands-parents était-elle à verser en dernière instance à cette violence qui traversait la famille depuis toujours, sorte de guerre intime qui venait saper toute tentative de vivre à l'abri, dans une relative harmonie ? Le bébé venait lui dire que, même en danger, il était tout de même représentable et vivant, et qu'elle, Élise, pouvait miser sur les forces de vie qui l'habitaient ?

On ne sait pas ce que sont les rêves, on ignore presque tout de leur formation, de leur utilité, leur intensité, leur signification, s'ils en ont une. Pour beaucoup de neurologues, il n'y a pas de signification à chercher dans ces images qui seraient des rebuts inutilisés du matériau rencontré dans la journée et dont l'esprit en quelque sorte évacuerait le trop-plein, pêle-mêle. Il est pourtant extrêmement troublant de se pencher sur les rêves. Leur précision, leur texture, leur résonance intime, le matériel inouï qu'ils mettent parfois à la disposition du rêveur en allant chercher des lieux oubliés, des prénoms d'une précision absolue appartenant à quatre générations passées, un savoir historique à peu près totalement enfoui, me font penser qu'ils sont des indicateurs de notre psyché, des cartographies d'un ciel céleste ignoré de nous, sorte de cryptogramme indiquant la position de nos étoiles. Si nous en écoutons le message, si nous sommes attentifs à leur valeur, peut-être sommes-nous encore très égarés dans une langue si difficile à déchiffrer mais je crois cependant que le relief de notre existence s'en trouve accru, intensifié, magnifié. Il se tisse dans ce dialogue intérieur une capacité, une intelligence du vivant et des rapports humains qui me fait penser à celle que l'on

trouve dans toute grande littérature, et qui excède d'ailleurs toute possibilité d'interprétation exhaustive.

Les jambes du bébé, disait-elle, étaient gelées. La
gelure, le froid qui vous gagne, sont autant d'images
de cet effet de paralysie de la névrose lorsqu'elle isole
un pan entier de notre psyché (de notre capacité émotive) pour qu'elle ne souffre pas trop (c'est fou la sol-
licitude qu'il y a dans notre inconscient !), le problème
est que cet envahissement par le froid, cette progressive
désensibilisation ne va pas sans risque, car lorsque
l'émotion se trouve déconnectée du sujet, il n'a plus
les moyens de savoir s'il souffre, s'il est joyeux ou
triste, en colère ou apeuré, il se croit invulnérable et
peut alors se mettre *en danger pour de vrai*. Les jambes
d'un bébé, c'est sa promesse d'autonomie future, ce par
quoi il va pouvoir peu à peu se redresser, s'écarter de
la mère, explorer l'espace. S'il ne dispose plus de ses
jambes, si elles sont engourdies, comment peuvent-
elles le porter hors du berceau ou de l'étreinte maternelle. C'est le gage d'un éternel « être auprès d'elle »
ou de qui la représente. On ne se rend pas toujours
compte de la gelure, c'est très insidieux, elle s'insinue
dans le repli de soi et vous garde dans un enchantement
suspendu comme dans ce mythe nordique où une fil-
lette égarée se retrouve piégée dans un univers de glace
sous l'autorité de la Reine des Neiges. La gelure n'est
pas une solution au trauma, c'est la pire même, car le
froid vous coupe de la vie émotionnelle, mais en plus
il gagne aussi le reste du corps et de la psyché. Le froid
n'est pas statique, il n'est pas une amputation avec une
claire limite entre ce qui a disparu et ce qui reste vivant,
non c'est un espace dynamique sans limites tracées
d'avance. Ce qu'on appelle le « clivage » dans le jargon
analytique est comparable à l'effet de gelure que ce

rêve représente. Qu'est devenu ce bébé représenté dans le rêve ? Une jeune femme qui a l'air de marcher, d'avancer, de prendre des décisions, mais dont la capacité d'action est indisponible émotionnellement. Frigorifiée, elle doit attendre que se lève l'enchantement. Attendre toute la vie peut-être. Elle continuera d'avancer avec ses jambes gelées (la mémoire glacée des disputes, des reproches qui fusent, la guerre servie sous prétexte d'amour), ses actions irrésolues, sa terreur de la nuit, ses fausses couches. Alors comment obtenir de son corps qu'il laisse sa chance à une grossesse, comment imaginer qu'avec un enfant, ce serait différent, qu'elle ne serait pas hantée une fois de plus par cette guerre comme prix exorbitant à la possibilité d'être mère ?

Élise au contact de ce rêve se réchauffe. Elle a accepté de laisser entrer dans les séances la petite fille terrorisée par le loup et donc, le loup lui-même.

Ce loup était à lui seul toutes les disputes, toutes les violences.

Tapi dans l'ombre, il la guettait dans le noir. Elle n'avait le droit ni d'être triste, ni de faillir, ni de pleurer, il lui fallait être coûte que coûte une petite fille très jolie et très gaie, et tenir en respect l'animal toutes les nuits.

Dans la chambre claire de l'analyste, elle est allée au-devant du loup ; elle est devenue (enfin) un peu triste. Elle a parlé de ses nuits d'insomnie, de sa détresse et de sa peur, elle a déposé là toute cette horreur et sa panique que l'enfant tant espéré soit soumis à la même violence. Dévoré tout cru.

Puis elle est tombée enceinte. Ce fut une petite fille. Elle l'appela Lou. Et très peu de personnes autour d'elles surent ce que ce prénom portait de victoire sur la violence. On imputa à sa psychanalyse une dépression d'un an et on la mit en garde contre toute cette « prise de tête » inutile. Elle répondait qu'on lui avait donné le droit d'être triste et d'aimer et, qui sait, d'entrouvrir la porte au loup.

Garder le secret

Pourquoi est-il si difficile de quitter ces loyautés d'enfance qui exigent de nous le paiement d'une dette inacquittable – parfois jusqu'au suicide ? Préfère-t-on cette souffrance à rien ? L'idée que ceux qui nous ont engendrés sont indifférents, voire franchement hostiles à notre existence, est simplement inenvisageable et lorsqu'elle s'insinue quand même, c'est tout le corps psychique qui se gangrène, et il devient essentiel de s'inventer à tout prix du sens, de l'exigence, pour ne pas disparaître. Il nous faut alors garder le secret. Le secret sur cette indifférence, cette maltraitance. Jouer la comédie de l'amour, des sentiments, et faire taire celui qui pleure, au-dedans.

Garder le secret, oui, encore quelque temps... Cette certitude nous vient d'au-delà du corps, d'en deçà des rivières et des morts, d'un paysage inconnu, cela contient d'autres visages encore, d'autres mondes, d'autres noms. Ça commence à partir de l'oubli, comme ça, l'oubli d'un certain visage, le reste vient autour, par lambeaux, ça s'arrache peu à peu, une vie commune affectée de néant, progressivement happée par la blancheur.

Quelque chose reste pourtant, à vif, caché à l'intérieur des choses comme un minuscule repli qui contiendrait la voix, le salé, le mordant, l'apparence, la lumière, tout, un repli déchiré au hasard d'une musique, d'un mouvement du corps, de quelques pas dans une nuit d'insomnie. Les choses ainsi règnent sur nous par leurs minuscules brisures de temps. Cette effraction qu'elles opèrent sans savoir dans le détour d'une anse, d'un galet, d'une heure vide, là où il n'y a rien justement, juste l'ennui, l'oubli.

Alors on pourrait tout perdre. Et envisager que quelque chose arrive ; comme un commencement, un espace. Tout avoir perdu et de l'intérieur de ce dénuement s'exposer à ce qu'autre chose de plus secret, qu'on n'imaginait même pas pouvoir perdre, vous soit enlevé. Quelque chose d'aussi intime que votre propre nom.

L'amour la joie

Désapprenez la mélancolie et toutes les tristesses, loué soit cet esprit de tempête, sauvage, bon et libre, qui danse sur les marécages et les tristesses comme des prairies. »

NIETZSCHE, *Gai savoir.*

N'est-ce que cela l'amour, au début ? Une certaine joie. *Il ne faut jamais différer aucune joie*, peut-on lire sur l'un des rouleaux sauvegardés d'Herculanum. Différer, c'est notre névrose essentielle : penser que la vraie vie commence demain et, en attendant, supporter la tristesse, éviter de penser, ignorer le présent. En latin, la joie est *gaudia* ; ainsi « godemiché » vient de *gaude hini*, réjouis-moi, nous rappelle Pascal Quignard[1]. De l'objet de plaisir à la source de toute volupté, la joie nous échappe. Réductible ni au plaisir ni à la volupté, la joie est au même titre que la peur de la mort, bien plus qu'une émotion : une expérience existentielle. Sans doute parce que se sentir vivant – entièrement vivant – est rare. La joie est la seule sensation humaine qui nous totalise. À la question : quel est le but de la vie ? Sénèque répond : « *Cibus sommus libido per hunc circulum curritur* – la faim, le sommeil, le désir, voilà

---

1. Pascal Quignard, *Le Sexe et l'effroi*, Gallimard, 1996.

le cercle qui nous entraîne. » Nous vivons souvent loin de nous-mêmes, épuisés, tourmentés, absents à nous-mêmes. « Tous les hommes se transmettent leur angoisse comme une épidémie », remarque Épicure. L'angoisse vient quand le sujet ne veut pas savoir de quoi il souffre. Une sourde culpabilité s'insinue jusqu'à lui ôter tout désir. La joie peut-elle nous délivrer de l'angoisse ? Pas toujours... il est parfois douloureux de se libérer des entraves. Renoncer au symptôme, c'est s'exposer à la vie nue.

Les philosophes se méfient des émotions, sur quoi on ne peut rien fonder d'universel. Comment la joie pourrait-elle éclairer notre condition humaine, encore moins nous préparer à mourir ? Pourtant, on peut se demander si la structure de la conscience elle-même est joie. Puisque la conscience est toujours conscience de quelque chose, tournée vers un au-delà de soi et que la joie est une dilatation de l'âme, un élargissement de l'être hors des frontières du moi... On dit alors qu'elle « inonde » l'âme, qu'elle l'élève ; elle est un pur donné. En réalité peu de philosophes, sauf Spinoza, ont réellement pensé la proximité entre la joie (le *joy* des troubadours) et l'exultation amoureuse, voire mystique.

Et si la joie trouvait son origine dans le corps et la voix maternels (comme monde, espace, résonance) quand il transmet au nouveau-né la secrète extase d'un amour où le corps et la pensée ne sont pas séparés ? La capacité de transcendance de la joie serait ce point de rencontre vertigineux en nous-même avec l'*autre*. Et dans cet acquiescement, une disposition à l'intelligence et au partage – à l'inverse de la haine qui polarise l'autre comme ennemi extérieur.

C'est l'enfance sans doute qui sait le mieux l'accueillir, quand chaque événement est source d'une intensité quasi hypnotique. Car éprouver la joie, c'est être dans un pur présent. Accepter d'être transporté jusqu'à l'égarement – mais sans violence. Orphée porte son chant pour Eurydice aux portes des enfers avec ordre de « ne pas se retourner » : faire volte-face, c'est enfermer l'autre dans la fixité, le passé, la nostalgie.

La joie nous fait ressentir ce moment où la vie entière, comme le dit Nietzsche, est approuvée. Dans *Les Aveux*, saint Augustin[2] le dit autrement : « L'amour et la joie sont des ravisseurs. » Entre la joie et l'amour, il y a l'espace de la rencontre, du ravissement amoureux qui vous fait exulter d'avoir enfin rencontré cet autre, qui vous attire et vous bouleverse, dont la seule présence vous aimante et colore le réel autour d'une intensité sans égal. « Ô mon vieux cœur : la douleur dit : "passe."/ Toute joie veut l'éternité de toutes choses, veut du miel, du levain, veut un minuit enivré, veut des tombes, veut la consolation des larmes versées sur les tombes, veut un couchant rouge et or. /– Que ne veut-elle pas la joie ! Elle est plus assoiffée, plus cordiale, plus affamée, plus effrayante, plus secrète que toute douleur[3]. »

2. Saint Augustin, *Les Aveux* (nouvelle traduction des *Confessions*), POL, 2007.
3. Friedrich Nietzsche, *Ainsi parlait Zarathoustra*, Gallimard, Folio.

Une rencontre

Il fait presque nuit. Vous êtes trois, vous vous aimez comme de grands animaux un peu tristes que le toucher de la peau ramène du côté des vivants. Vous êtes doux et ardents, pleins de désir et de pudeur dans cette impudeur extrême du désir. Il y a l'empreinte d'une chambre étrangère, la pénombre des murs, la densité palpable de l'obscurité autour des corps. Un homme, deux femmes, pas tout à fait nus.

Que se passe-t-il quand on accepte de celui qu'on aime qu'il en aime une autre, à cet instant précis où les corps se cherchent et s'assemblent ? Que se passe-t-il dans vos yeux, vos sens, votre esprit, dans cette intelligence de l'amour qui ne perçoit pas de limites à son exploration ? L'imprévisible, c'est ce qui va se passer cette nuit-là et qui ne s'arrête ni à la peau ni même à la jouissance, qui se délie dans cette chambre, entre ces murs, à l'endroit exact où ça se passe – le cœur – avec tout ce qu'on ignore de sa propre tristesse, possessivité, jalousie, joie, avec l'ignorance aussi de ce que vous en ferez plus tard, et qu'on appelle si légèrement : souvenir. La rencontre quelle qu'elle soit est cet espace intime, inconnu, qui se déploie en vous face à ce qui arrive là et qui n'entre dans aucune langue préétablie, préenregistrée. Non, vous n'êtes pas préparés à ce qui arrive. Comment auriez-vous pu l'être ? On pourrait dire que l'amour se loge dans cet espace ténu, fracturable, où ce qui se partage l'est avec votre consentement mais sans que vous puissiez ni le comprendre ni l'appréhender dans les frontières de votre moi ancien. L'amour est le déploiement de cet espace même. Ensuite vous êtes seuls, chacun. Et ce qui vient là encore ne vous appartient pas tout à fait mais appartient à ce qui a eu lieu, une fois.

Une rencontre arrive. Et c'est l'imprévisible même. Admettre que tout soit bouleversé par cet amour-là, que surviennent un temps, un espace nouveau, hors traces, hors grammaire, c'est ce contre quoi vos loyautés multiples, patiemment défendues depuis l'enfance, se dressent. Car la rencontre menace l'équilibre fragile où vous vous mouvez ; elle est cette *terra incognita* où vos capacités de percevoir, d'aimer, d'être en présence – c'est-à-dire vos capacités d'intelligence – sont rassemblées pour affronter l'inconnu.

Peur de tomber. Ce vertige devant la possible trahison... Trois corps entremêlés, et puis le sentiment comme une faucheuse qui vient rompre l'équilibre, les jeux, la légèreté. S'immiscent la duplicité, le secret, l'excitation immédiate. Prendre goût à un autre corps mêlé à celui que vous aimez. Surprendre en soi l'inquiétude, puis l'apaisement. Une très archaïque douceur. Peu de temps après, les premières angoisses... elle va vous le prendre, elle lui manque déjà, vous allez vous éclipser, les laisser, il va penser à elle tout le temps, l'obsession croîtra avec la passion et vous serez là près de lui, douloureuse, éperdue. Comment inventer une figure de l'amour sans souffrir, sans éprouver la possessivité, l'angoisse de l'abandon ? Cela va vous demander une force de vérité peu commune, une droiture particulière, de l'esprit, de la tendresse (énormément), car tout risquerait de basculer sinon. Trois corps font l'amour, se fondent, reviennent ensemble à la surface, se parlent et sont ensemble dans la nuit comme un aplat de matière pure.

Cette figure du trio amoureux ne tient pas debout : comment deux femmes et un homme peuvent-ils s'aimer ? Ne pas se trahir, se jalouser s'empoisonner, vouloir se détenir, se retenir, vouloir l'autre à soi seul ? apprendre la dépossession et la caresse. Une rencontre n'est pas un savoir, on ne se l'approprie pas, c'est une texture poétique qui s'empare du corps lui-même.

Les trois amants se sont séparés. Aucun ne voulait souffrir, tous avaient été pris, tous trois s'étaient épris, mais tous s'étaient épargnés aussi, étrangement accordés dans cet amour-là. Comment espacer un amour vers l'amitié ? C'est ce qu'ils tentèrent, avec maladresse.

Plus tard, à la psychanalyste, elle dira :
– Je ne vous parlerai pas de cela. De cette année magique, inoubliable et triste où nous fûmes trois. Il n'y a rien à en dire, il n'y aurait que des souvenirs, de villes étrangères où nous avons été ensemble, d'éclats de voix, de morceaux de corps découpés dans la lumière, d'étreintes, de questions sans réponses, d'une émotion indicible. Rien ne fut détruit mais nous avons été modifiés, précisément là où nous pensions ne pas l'être. La sexualité entre nous fut très sage, chacun protégeant l'autre de son démon, de sa fougue, de sa passion, de crainte de séparer les deux autres et d'abîmer

le lien. Je vous parlerai du reste, de ma recherche, de l'écriture, de mes fils, de mes amis, de mes ruptures.

– Vous me le dites pourtant...

– Oui... peut-être pour qu'il y ait un témoin, pour que cela existe. Que cela puisse être entendu par quelqu'un sans être détruit ni même interprété.

– Croyez-vous que je veuille l'interpréter ?

– Oui, nécessairement, parce qu'on s'est risqué au-delà les frontières admises de l'amour

– Mais d'autres ont vécu de telles histoires, vous n'êtes pas les seuls...

– Je sais, rien d'extraordinaire en soi, mais pour nous si. C'est la mise en jeu d'une liberté particulière, que nous n'avons pas réellement voulue ni même désirée peut-être mais qui nous a emportés. »

Et dans l'analyse ne fut plus évoqué ce « temps-là ». Dans les rêves, souvent, apparaissaient trois personnages. La rencontre est une figure de la reconnaissance. On peut désigner ainsi ce qui en soi nous précède et nous guide. Les rêves aussi sont une rencontre.

Cela fut oublié. Mais de tout oubli naissent une aptitude particulière, une volonté de blessure comme celui qui émigre et qui sait qu'il se souviendra toujours avec nostalgie de cette terre natale qu'il a pourtant quittée. L'exil nous met dans une disposition particulière où nous savons que nous allons être touchés, tourmentés, par quelque chose qui a été perdu mais comme au poker nous misons sur l'inconnu, nous supposons qu'après, notre cœur mis à l'épreuve sera plus vaste, comme agrandi, que notre intelligence en sera plus lucide, que nos émotions y trouveront une nourriture et une capacité renouvelée à accueillir l'inédit. Ce qui en nous se tourne vers l'inconnu est plutôt rare, nous sommes des animaux grégaires et méfiants. Accueillir l'inconnu est hors du territoire de la névrose, c'est tout ce qu'elle redoute. Sa hantise, ce contre quoi, patiemment, elle construit nos défenses. L'inconscient pourrait ressembler par certains aspects à un très vaste processeur de type deep-blue (tournoi d'échecs) où toutes les positions, les actes, paroles, réactions antérieurs des joueurs sont mémorisés pour pouvoir être mis à la disposition du sujet (ou plutôt du rêveur, car ici c'est surtout le rêveur qui en disposera), seulement voilà, si cette machine peut calculer à la vitesse de la lumière quel est le meilleur pas à faire dans telle ou telle situation en fonction de tout ce qui a été stocké pendant une, deux ou trois générations et durant toute la vie du sujet lui-même, elle a du mal à concevoir le « nouveau » ; l'inédit lui est interdit – impensable. Puisque cette machinerie-là (comment nommer la névrose ?) n'a pas la capacité d'inventer autre chose qu'une combinaison de ce qui a été déjà fait ou vécu. Le nouveau est un risque prodigieux. L'inédit est antinomique avec la défense névrotique qui lui opposera toujours des fidélités antérieures, des serments à respecter, des promesses à tenir, même quand elles n'ont pas été prononcées par le sujet mais soixante ans plus tôt par un ancêtre déshonoré.

La rencontre est une autre métaphore, assez douce celle-ci, de l'inédit lorsqu'il se pose derrière vous un instant et vous souffle une proposition illicite. Car les rencontres n'aiment rien tant que nous faire transgresser les frontières connues, c'est bien connu. Et lorsqu'elles ont lieu, il y a fort à parier qu'il y a de l'amour en jeu. Car tout de même, quelle plus belle expression de l'inédit que l'amour, quand rien ne se passe comme nous l'avions prévu, imaginé, voulu, et que pourtant nous nous sentons délivré du poids de l'attente et enfin reconnaissant.

Toute rencontre (vraie) est le récit d'une annonciation. Qui annonce la vie avec la parole. Du moins ce que l'on se représente par la parole, quelque chose qui vous féconde sans vous toucher, qui nécessite d'être accueilli, emporté, qui essaime plus loin cette parole pourtant destinée à vous seul.

Il y a d'autres possibilités. Un homme et une femme se disent adieu. Point. Cet adieu les dépasse infiniment, il n'est ni la somme de leur mots ni celle de leurs émotions, il va au-delà, en deçà d'eux-mêmes, se réclamer de cet espace autre – une prophétie intime ? – qui est nommé ici « rencontre », faute de mieux. Comment qualifier ce qui n'existerait pas sans cet adieu, sans ce café, sans cette lumière de fin d'été avec le désœuvrement autour, la salle moitié vide, la serveuse rêveuse qui sert d'autres clients, le chien assoupi près de l'entrée, la chaleur ? Cet adieu prononcé, mais à peine tellement il est sidérant puisqu'il imprègne l'espace, les gestes mêmes et chaque syllabe prononcée, puisqu'il a pris naissance il y a tellement longtemps qu'eux mêmes, ceux qui se disent adieu, ne s'en souviennent même plus, et quand il se détache d'eux enfin, dans l'évidence de ce qui fut échangé, il n'est déjà plus nécessaire. Il les ramène tous deux à leur existence d'êtres séparés et à leur certitude de s'être aimés, leur faisant oublier tout autre chose que cette faille soudain ouverte, évidente, de leur liberté, leur désir contradictoire : s'embrasser, se perdre.

L'imprévisible, cela peut rendre fou. Y prendre goût c'est risquer de se perdre vraiment, corps et biens, et

85

de vouloir cela chaque jour plus encore. La dé-rencontre (l'adieu) est encore une rencontre, un espace inconnu entre toi et moi où ce qui se déploie est ignoré de nous et nous appartient, pourtant.

La rencontre est un événement philosophique. Un éblouissement. Il est difficile de parler d'une expérience vécue car si elle est encore vive, les mots seront toujours inadéquats à traduire cette qualité de présence à l'autre, d'excitation intellectuelle, de fièvre d'écriture à laquelle ouvre une vraie rencontre. À vouloir l'expliquer on risque de la dénaturer, de la ramener du côté des choses partageables. Cet appel auquel vous répondez n'a pas de limites, si ce n'est la capacité du corps à le soutenir, à faire hospitalité précisément à la pensée. La philosophie n'est rien d'autre que la vie en acte, « la vie dans l'amplitude », écrivait Patocka. Un pan de mur blanc éclairé par le soleil de septembre suffit, dans sa simplicité, à résumer ce qui dans le réel nous apparaît sans jamais se rendre à nous. Et c'est ce double mouvement à la fois de présence à notre perception – simple, univoque – et ce retrait à l'intérieur même du visible de ce qui le fonde, ce qui le rend absolument singulier, qui nous oblige à penser. À aimer aussi, si par aimer on entend cette rencontre d'un autre qui nous bouleverse en nous atteignant au cœur et vous échappe aussi, exactement.

Qu'est-ce que l'inespéré ? Est-ce ce qui vous atteint au-delà des limites qu'avait prescrites votre imaginaire ? L'inespéré prend racine dans l'espérance et la défait en même temps qu'elle l'accomplit.

Cette voix, postée là en arrière de vous, au creux de votre cou, à la naissance de l'épaule et qui semble vous dicter ces choses étranges que vous n'arrivez pas bien à déchiffrer, d'où vient-elle ? N'est-ce pas ainsi que l'on pourrait qualifier la rencontre intérieure, celle qui préside à toute création ? C'est capter une langue étrangère qui vous convoque comme si elle devait vous être justement la plus familière d'entre toutes, comme si c'était la chose la plus naturelle du monde que de vous chuchoter ainsi, au plus près, une vérité à laquelle vous ne comprenez rien. L'inespéré est une qualité du réel. La plus violente peut-être, est-ce la raison pour laquelle nous voulons à tout prix en éviter l'effraction ?

Une rencontre. Pourquoi en avons-nous si peur ? Que vous arrivera-t-il ? C'est comme si le monde soudain vous trouait la peau. C'est votre histoire qui vous attrape. On s'avance là où d'autres que nous certes se sont avancés mais c'est chaque fois unique. Inédit. Ainsi opère l'inespéré, il ne réalise pas une promesse, il la déborde de toutes parts.

Entrer dans cette histoire, dire oui à la rencontre, c'est accepter d'être dépossédé. Mais cela veut dire quoi ? Un être vous appartient-il jamais ? Non, ni son amour, ni sa passion, ni même sa présence. Tout peut disparaître, s'oublier, se perdre. Il faut être fou pour faire ce pari insensé de l'amour. C'est cette inconscience même qui est magnifique, contraire à toutes les stratégies de compromis de la névrose. Mais, Dieu, que sont profondes les peurs qui nous habitent... !

Quand un homme pleure, qu'il est envahi d'un chagrin que personne ne peut ni ne doit approcher, vous vous taisez et vous l'effleurez très doucement comme un enfant. Vous voudriez partir, l'emmener loin de cette tristesse qui le sépare de tout mais qui le nourrit aussi d'images violentes et douces que vous ne connaîtrez jamais. Vivre c'est faire une brèche à l'inespéré ou n'avoir jamais fini de regretter ce qui n'a pas eu lieu, ce qui s'est échappé avant de commencer. Mais le réveil risque d'être brutal ; vous ne vous en remettrez pas.

On répète toujours les mêmes choses. Des refrains en boucle dans la tête. Il en va de même des événements. Comme si certaines pistes étaient gravées en nous, prêtes à accueillir le même air, la même et douloureuse comptine venue de l'enfance, tandis que les autres étaient présentées hors mémoire, inatteignables, comme s'il nous fallait toujours reprendre le même chemin, le long du même mur et n'être jamais au bout de ce trajet dont pourtant nous finissons par connaître chaque détail, le mouvement de la lumière à chaque heure du jour, les différentes aspérités de la pierre. La névrose n'est que la mise en place patiente d'un rideau de fumée qui nous fait croire que la scène a changé, que le sentier n'est plus le même, les montagnes au loin se seraient déplacées, envolées – tiens – et le ciel avec.

Une rencontre est ce qui arrive. Un pur événement. Comment accueillir cela en soi ? Les enfants le savent, d'instinct. Proust consignait dans de petits carnets les choses les plus diverses, mais à la manière d'un compositeur qui établit une hiérarchie secrète entre les sons en les disposant sur une portée. C'est cet ordre secret qui fait se tenir ensemble les éléments éparpillés de notre perception, les minuscules événements du quotidien soudain éclairés rétrospectivement par un mot raturé, presque illisible. L'écriture rejoint la matière même du vivant qu'ainsi elle abrite, acceptant de ce vivant qu'il fasse continuellement effraction en elle

– du moins en littérature. Tout ce qui se sédimente en nous veut estomper ce rappel que nous sommes mortels et voués, ainsi, à l'imprévisible de la mort (la face obscure, angoissante de l'inespéré). Les émotions ainsi recouvertes de plâtre, de bêtises en tout genre, non pensées, surgelées, atrophiées, ne viennent plus déranger le cours de notre pensée en risquant de nous ramener vers cette tristesse ancienne, irrésolue. La sédimentation est le génie du temps qui passe, on se rend complice ainsi d'une étrange machination qui préfère au vivant la demi-mort et à l'amour une sorte de « mourance », un marchandage léger des sentiments.

Comment nommer cette part sauvage de nous-même qui résiste à toute forme de lien, qui se défait et se détache alors même que l'amour la porte ? La solitude nous rappelle notre mort, cette inconcevable fin de soi et de tous les autres pour nous à cet instant. Dans ce retrait qu'on appelle être seul, n'est-ce pas un peu le commencement de cette mort qu'on cherche, comme si cela pouvait ne pas être grave mais juste s'éprouver ainsi de manière légère, grisante – une mort évitée, désarmée dont nous garderions seulement un peu du goût secret.

La mort est ce qui arrive. Rencontre inespérée, elle aussi, comme l'amour. Parce que, alors même qu'on peut l'attendre, la désirer, la redouter, la provoquer, elle reste en tant qu'espace absolu de solitude la chose à laquelle dans la vie nous sommes voués sans jamais l'éprouver. On s'enfuit, on se quitte, on reste seul dans sa chambre, on contemple le ciel, on s'étonne de n'y trouver qu'un rappel très fugitif de notre inquiétude. L'inespéré est un retournement du temps humain, je veux dire du temps tel qu'il se projette en nous continuellement à partir des images fragmentées de nous-même que nos gestes et nos paroles dispersent. Ce retournement est une fracture. Il y a avant et après. La parole prophétique vient de là, de cet espace créé par cette fracture intime dont la résonance se poursuit au-dehors, longtemps, comme un feu.

On voudrait ne pas souffrir. On « préférerait ne pas », comme Bartleby [1] devant son mur. Ne pas ressentir la montée affolante de l'angoisse, ne pas éprouver la violence des crises de pleurs quand la jalousie nous assaille, quand le sentiment d'être trahi nous atteint. Quand la maladie nous dépossède de ce qu'on croyait le plus sûr – notre intégrité physique –, quand un proche disparaît. On préférerait ne pas savoir.

Et ce que l'on préfère ne pas savoir, c'est aussi pourquoi il existe en nous-même quelqu'un qui accueille la souffrance comme une drogue apaisante. Pourquoi répète-t-on des situations qui nous font souffrir ? Ce n'est pas par masochisme, car le masochiste a besoin d'un partenaire qui se délecte de sa souffrance, alors que là, dans la souffrance ordinaire dont je parle, personne n'est là pour la dispenser volontairement, elle a lieu, c'est tout. Est-ce parce qu'elle nous rappelle un état d'enfance où l'on souffrait d'exister ? L'intensité de la perception du monde est sans doute pour l'enfant à la fois une jubilation et une douleur, si forte est l'intensité. Et c'est elle que nous voulons voir revenir, quelle que soit la douleur qui l'accompagne. De là naissent des états contradictoires, mêlés, indissociables qui se trouvent ensuite à l'âge adulte artificiellement séparés. Dans l'état amoureux seulement se retrouvent mélangés ces deux affects de même puis-

_____

1. Herman Melville, *Bartleby*, Gallimard, Folio.

sance : l'exaltation pour l'aimé(e) et la terreur d'être dissous (abandonné, ignoré, humilié). Alors on préfère ne pas...

L'événement nous fait offense. Il brusque notre attente, percute notre pensée, la déplace hors de ses marques habituelles, et tout ce qui en nous « ritualise » pour parer à ce qui vient ainsi se trouve dans l'instant défait. Or lorsque survient un événement, à contre temps (car un événement est toujours à contretemps, il contrarie le temps comme cours des choses), il nous fait revivre ces états d'insupportable intensité accompagnés de souffrance et de joie. Parce que l'intensité intacte de l'événement seul lorsqu'on supporte de l'éprouver n'est plus tamisée par l'âge, la raison, la compréhension que nous pouvons en avoir, nous sommes face à lui comme un enfant.

La rencontre se tient à la jointure des temps, là où l'événement a lieu. Là où la ligne de faille devient fracture et que s'ouvre à cet endroit un site inconnu où l'on n'a pas d'appui. La rencontre est une figure protectrice de l'enfance venue nous prendre par la main dans ce passage-là, elle nous conduit à travers les événements, les actes, à tâtons et on peut seulement choisir de la suivre ou de rester en arrière, dans ce qui nous est si familier qu'on ne le voit plus. La rencontre est un mot dans la langue pour exprimer ce qui nous conduit dans cet étrange contretemps fait de matière inconnue. Pas de traduction possible, le passé n'est là d'aucun secours, il n'y a que du présent, de l'inimaginable.

Toute vraie rencontre, par essence inespérée, est impossible à penser puisqu'elle devance toujours le cadre à l'intérieur duquel nous nous la représentons.

Telle est sa capacité à nous provoquer, nous convertir, nous rendre vie. Elle nous convoque au rendez-vous avec l'autre (et donc avec nous-même) du plus loin de nos origines en même temps qu'elle appartient tout entière à l'avenir.

Trahisons

Pourquoi sommes-nous si fragiles à la trahison ? Quel chagrin se loge dans une promesse non tenue, une amitié dont on se voit écarté, un amour trahi ? Quel chagrin jamais épuisera la douleur de se rendre compte que l'être aimé en désire une autre et vous ment ? On ignore parfois la force de nos attachements, les amitiés parfois ont des soubassements qui s'originent dans l'enfance et parfois de plus loin encore. Dans la fratrie s'originent beaucoup de nos peurs, les comparaisons dont on a fait l'objet, les serments et les ruptures, la jalousie aussi. La trahison remonte souvent le fil de ces blessures fraternelles, sororales qu'on a depuis si longtemps oubliées mais qui nous percutent néanmoins dès que nous sommes fragilisés. On montre si peu à l'autre de ce qui nous constitue singulièrement, nos failles, nos attentes, nos doutes. On voudrait lui communiquer cette assurance que nous n'avons pas, ou si peu. Nous faisons tous cette erreur de croire que nous sommes à peu près transparents à nous-mêmes alors qu'une immense énergie se déploie à nous rendre opaques à notre désir, à inventer des stratégies pour éviter de nous confronter à ce qui profondément nous anime, au risque de tout perdre jusqu'à l'envie de vivre même.

Quand la trahison survient, la fragile nacelle qui protégeait le moi saute, alors déferlent les émotions et la vérité avec. C'est parfois hélas la seule occasion pour qu'une amitié ou un amour se déplace, se découvre plus vaste, plus authentique aussi. Ce n'est ni souhaitable ni facile mais c'est parfois le seul moyen. La trahison vient rouvrir des gouffres d'enfance, quand ce que nous avons cru le plus proche, le plus aimé (une mère, un frère, un ami) se révélait brutal, indifférent, méchant. La gangue de solitude qui nous isole dans la trahison est finalement très primitive, elle se crée dès les premières années, lors de la séparation avec la mère. Puisqu'il faut la séduire cette mère-là afin qu'elle nous aime et qu'elle nous garde. Tout bébés, nous cherchons continuellement la reconnaissance, j'appelle la reconnaissance cette chose qui fait de vous un semblable, un allié. Notre angoisse d'être trahi nous attache parfois des années auprès d'un être, d'une famille qui ne nous reconnaît pas, qui nous maltraite et nous ignore. Cette peur nous fait rester là, blottis dans l'ombre protectrice de l'autre à qui l'on a recommandé notre âme et qui en retour se gardera bien de nous aimer, puisque notre frayeur nous met à la merci de son mépris. La trahison a pour chambre d'écho des fratries décimées par l'envie méchante et la violence. Pour qui la rencontre sur sa route, elle a toujours déjà eu lieu. Cherchez sa trace dans votre cœur et vous entendrez sa respiration légère au creux de votre sommeil. Elle va régner en souveraine sur vous, cette trahison-là aura raison de votre intelligence, vous succomberez à son esprit de suspicion, vous deviendrez quelqu'un qui doute, qui fouille jusqu'à la lie le passé et les poches de l'autre, le présumé coupable, vous chercherez confirmation de vos doutes et ne trouverez que le tourment. Cela ne s'apaisera pas de sitôt. Car la faille ouverte était là *avant*. Avant l'événement, quel qu'il soit. Avant votre naissance peut-être. Dans un avant qui de toute façon n'est pas récupérable par la mémoire, ni l'oubli d'ailleurs. Puisque c'est ineffaçable. Et vous deviendrez jaloux(se). Vous serez quelqu'un d'autre, pour un temps, projeté dans le surface lisse du désir de l'autre, de son emploi du temps, de ses fractures et ses mensonges. Et puis cela passera. Vous développerez une sorte d'anesthésie bienvenue, vous sombrerez dans l'inconstance. La trahison ne vous affectera plus autant. Vous aurez déjà changé d'ami ou d'amant ou peut-être au contraire l'aurez-vous retrouvé, plus intensément encore.

Il ne se sera rien passé en somme.

La trahison est sans écho. Elle est en nous, elle est notre condition même, disait Derrida, puisque nous sommes nos premiers et propres traîtres. Qui est fidèle à soi ? comme on lit aujourd'hui dans les manuels américains de mieux-être : *how to not betray yourself*. En général en dix leçons, voire moins. La trahison est intérieure au lien, sa condition d'existence. Que serait un lien qui ne puisse être dénoncé, trahi ? c'est sur ce fond obscur et mouvant que l'acte de ne pas trahir, quelquefois, prend des allures héroïques. Et c'est à ce prix, peut-être, que nous faisons l'amour.

Jalousie

Un simple soupçon, un regard échangé, un SMS étrange, une allusion en plein dîner, une absence trop longue, un voyage invérifiable : la jalousie est entrée dans votre vie. Désormais, elle va s'immiscer en vous, ce sera elle votre nouvelle maîtresse, à chaque moment présente dans votre esprit, dans les replis de votre corps, elle vous habitera ; plus de répit, elle s'invitera à votre table, même vos nuits lui seront bienvenues. Plus de quiétude, chaque moment de bonheur sera volé à une sourde angoisse : perdre l'objet de votre amour. Car son départ est imminent. Il y a un troisième immiscé là entre vous, invisible, inaudible, seulement perçu dans l'interstice de ses mensonges, de ses silences, de ses absences. Que dire de cette servitude volontaire ? Car ici nul maître à combattre, c'est à l'intérieur de vous que tout se passe, entre vous et vous. Comment retrouver la maîtrise de soi ? comment s'épargner un peu de tranquillité d'âme dans cette fièvre ? Quand rien ne pense plus droit en vous, que vous êtes dominé par la peur, la certitude que le temps d'avant est terminé, qu'à présent rien ne sera plus comme avant.

Les philosophes ne pensent pas grand bien des passions de l'âme en général, ils n'y voient qu'asservissement, illusion et souffrance. Au mieux de l'attachement, au pis une mort lente de l'esprit. Et pourtant... ils gardent envers la jalousie une secrète tendresse, une complicité. Car se croire abandonné, trahi et éprouver le soupçon de la perte prochaine ressemblent beaucoup à la condition humaine en général. C'est vers un chemin de déprise et de dépossession, du stoïcisme au jansénisme, qu'ils nous conduisent. Du moins quelques-uns d'entre eux. Vous êtes attaché à l'amour ? Mais comprenez donc que vous perdrez la vie, vous n'emporterez rien d'autre dans la tombe que quelques souvenirs et pour combien de temps avant de sombrer dans l'inconscience ? La jalousie n'est que la préfiguration de cette lente acceptation qu'il nous faudra donner : être ici-bas en transit – attente commencée avec fulgurance au moment de naître.

« Nul n'entre ici s'il n'est géomètre », pouvait-on lire au seuil de l'Académie, dans la Grèce ancienne. Et en quoi la mathématique nous protègerait-elle des accidents de la vie ? Un chiffre s'additionne et se retranche selon les mêmes immuables règles, et nous rappelle que la mathématique demeure, et nous passons. Fragmenter la violence de nos passions en tout petits grains de sable à dissoudre par l'effort de la pensée, telle est la tâche à laquelle s'appliquait Spinoza, lui qui pensait que corps et âme sont une et même substance et que les passions tristes ne nous emmènent pas là où l'on croit. Que la liberté est une tâche immense, impossible et magnifique, toujours renouvelée. La jalousie nous emporte dans l'autre, c'est l'histoire de notre vie, en résumé, en accéléré, on naît du ventre d'une autre, on devient sujet par détachement progressif ou violence, on tombe amoureux, on souffre d'être quitté, la peur d'être abandonné est résolument humaine, sorte d'ombre portée attachée à nos pas que l'on conjure par excès de confiance, par angoisse, ou par fanfaronnade ! La jalousie nous rend la solitude insupportable et la compagnie de l'être aimé aussi, plus aucun lieu, aucune parole n'est fiable, le soupçon obscurcit tout et il n'est plus de loyauté nulle part. Cette trahison s'étend à toute l'existence. Mais c'est de vouloir s'entre-appartenir qui fait la douleur. Si l'on parvient à faire coexister en soi la confiance et le doute, l'intelligence érotique et la douceur maternelle, la fidélité et la trahison, si déjà en nous-même nous pouvons accepter que ces états fassent partie de notre monde intérieur, qu'ils se déploient en nous sans que nous devions organiser de très hautes digues pour ne rien en savoir, une partie de cette déprise, dont parlent les stoïciens mais aussi Dante et plus près de nous Levinas, devient possible. Car autrui, alors, loin d'être notre objet (d'amour, de possession, de haine, bref de hantise) devient alors celui que nous avons à découvrir.

La jalousie est une crispation sur un objet déjà perdu, c'est l'antichambre de la mélancolie. L'autre non seulement ne nous appartient plus mais ce qui nous apparaît soudain, et personne ne l'a mieux décrit que Proust, c'est qu'il ne nous a jamais appartenu. Illusoire était la perception de cette entre-appartenance à vie d'une peau, d'un regard, d'un prénom à nous destinés. Et avec lui (ou elle) c'est un monde qui vacille. Tout est devenu friable, fragile, incertain. Il n'y a plus de limites au doute, au vertige qui saisit soudain le sujet d'une solitude nouvelle, sans bord ni parole fiable. C'est le monde proche qui est atteint, et avec lui cette sorte de lumière qui le nimbait. La trahison de l'autre, imaginée, supposée ou réelle, a pris toute la place, ne laissant qu'un territoire dévasté où le cœur, ce chasseur solitaire, s'est rendu.

Il n'y a pas de trêve, pas de quiétude possible. C'est l'angoisse de l'abandon qui le plus souvent agit comme une déferlante prête à attaquer le rivage du sujet sans relâche ; plus forte que l'amour, plus insistante que le désir. On oublie même pourquoi l'autre vous était si précieux ; oubliés les querelles, les défaillances, l'ennui, il ne reste plus qu'une nostalgie aussi fausse que tout ce qu'on recompose après coup. La jalousie est une seconde vie, qui s'immisce en vous et prend toute la place. Comme la mélancolie, elle substitue au sujet fragilisé, composite, brinquebalant, un objet digne de toutes les attentions. Un autre recomposé, un mannequin de cire prêt à tous les usages, toutes les prières, tous les marchandages.

Construire un objet de fascination et de haine est un recours inespéré pour un sujet qui ne sait pas où est son désir ; brusquement l'objet de toutes ses pensées se dérobe : Où est-il, avec qui ? entre quels bras ? Que lui a-t-elle promis ? Et c'est l'échappée belle. Tout est happé par ce ballet épuisant, obsessionnel, ces idées fixes qui vous dévorent. Vous avez besoin de l'autre et il n'est pas là, il se dérobe. Ou bien il est là et c'est pire encore car vous le soupçonnez d'être ailleurs. Ce vacillement au bord du vide est une jouissance, il vous fait battre le cœur et chercher partout des preuves de ses mensonges.

La jalousie opère comme la hantise, à la manière des fantômes : ne se risquant d'abord que furtivement et de nuit, elle finira par occuper toute la place, penser à votre place, décider pour vous, régler vos actes et votre vie. La défiance et le doute s'insinueront sans vous laisser de répit, œuvrant à la destruction de tout ce à quoi vous aviez cru. La jalousie est une politique de la terre brûlée. Il n'y a pas de retour possible ; désormais chaque objet est suspect, toute parole est allusive, et tout acte, un signe possible de trahison.

Vous pouvez n'avoir jamais été jaloux et brusquement ne vivre que dans la jalousie, être rendu fou par l'idée de la trahison possible de l'autre. Contrairement aux idées reçues, on n'est pas nécessairement de « structure » jalouse. Chacun de nous abrite ce monstre en soi, endormi dans nos veines et battant lentement à l'unisson du cœur, jusqu'à ce qu'une parole, un indice, réveille de son sommeil cet hôte inquiétant et qu'alors notre vie en soit irréversiblement contaminée. La mue s'opère sous vos yeux, de confiante vous devenez vous-même une menteuse accomplie, cherchant des indices sous un front lisse et doux, retournant les poches (manière ancienne, façon Balzac), fouillant la mémoire récente des ordinateurs et portables, confrontant les versions, appelant de manière sibylline les uns et les autres pour recouper les faits et gestes, espionne dans votre propre maison, cherchant à « savoir » la vérité à laquelle l'autre se dérobe.

Mais ce n'est pas si simple. S'il n'était question dans la jalousie que de chercher et de trouver, de soupçonner et de démasquer, les choses se décideraient très vite en faveur ou en défaveur du lien, tourneraient court, et voilà. Seulement le jaloux veut-il vraiment savoir ? Rien n'est moins sûr... L'aimé veut-il vraiment se dérober, se cacher ? Pas certain. Qu'est-ce qui est recherché sur cet échiquier où l'espion devient capable de plus de duplicité que l'infidèle supposé ?

Supposons que, dans la jalousie, ce soit l'intensité de souffrance qui est recherchée, c'est-à-dire l'intensité tout court, le sentiment d'exister au plus fort sur cette brèche-là où l'autre, crédité de trahison, n'a plus rien à dire pour sa défense, puisqu'il a tort, forcément. Et si la tromperie avait déjà eu lieu avant ? Dans un temps hors d'âge dont seuls les rêves parlent.

On a dû partager si tôt celle qui nous a mis au monde. L'enveloppe qui nous reliait s'est brisée, laissant béante la déchirure, quelquefois jamais refermée. S'il n'y a pas eu les mots, les caresses, les paroles pour porter secours à l'enfant, il se trouvera livré à la solitude, au désespoir avec le corps et l'intelligence qui se refermeront pour ne pas souffrir. La perte de l'autre alors est intolérable, car elle nous laisse avec une morsure du réel permanente, inapaisable. Que la jalousie, un jour ou l'autre, va réveiller.

Les monstres ne dorment pas pour toujours. Ils font semblant. Ils le font même remarquablement. Seuls les enfants qui ont du mal à s'endormir le soir le savent, ils font pareil quand on se penche au-dessus d'eux pour les regarder dans leur sommeil, ils prennent cette respiration régulière qui ne trompe pas, le parent repart rassuré, laissant la porte de la chambre entrouverte et un peu de lumière filtrer. Aussitôt ils rouvrent les yeux, étonnés de l'évidence du stratagème. Les monstres dans leur impossibilité de dormir ressassent encore et encore la même histoire. Celle dont ils sont pourtant à jamais exilés. Car leur différence monstrueuse, quelques fois connue d'eux seuls, les condamne à la solitude. Forteresse inexpugnable dont ils sont les seuls à détenir la clé.

On impute au désir ce qui lui est le plus étranger : l'infidélité. Il suffit d'ailleurs d'observer son mécanisme – sur quoi s'appuie-t-il sexuellement ? La répétition. Faire revenir ce même plaisir, encore et encore. Le désir de chercher sans fin un même parfum, une même peau, un geste lové au creux d'un corps, une intonation, un souvenir de chevelure, somme d'objets partiels, de gestes infimes, d'hésitations imperceptibles, de signaux émis par un corps – sa tessiture, son regard –, une manière de prononcer les voyelles, de marcher, de rire, de disparaître aussi. Il se poste à l'endroit même de l'apparition, là où l'autre risque de disparaître aussi vite qu'il est apparu, a été un instant entrevu. Parce qu'il sait la puissance éphémère de cette apparition. Sa rareté, son incroyable soudaineté.

Et l'autre : toi qui es là tout entier en face de moi, et que « je » désire ? Inadéquat, toujours, forcément, à cette constellation de choses minuscules qui tractent le désir et le font se mouvoir, au risque de la disparition, du manque, de l'absence. Parce que c'est de l'absence qu'il se nourrit et de la réapparition de l'autre qu'il se recharge. L'intensité est son seul credo. Il n'en a pas d'autre. Intensité dont le curseur, inconnu de chacun de nous, se trouve très en amont, posé dans l'enfance. Au souvenir des coups seront cherchés les coups, à la mémoire des caresses les caresses et c'est ainsi que dans un éternel recommencement les données origi-nelles d'une intensité (le vécu de l'enfant irradie) sont recherchées dans ces objets partiels et rassemblées quelquefois sous les traits d'un « autre » qui enflam-mera notre passion. Le tout est un malentendu admi-rable. Et pourquoi pas finalement. Le miracle est que cela ait lieu. Que l'amour et le désir se joignent dans ce périple invraisemblable.

Quand nous voulons être amoureux d'une même femme toute la vie, pourquoi pas ? l'inconscient ne s'embarrasse pas d'une telle folie, qu'à cela ne tienne, il présentera devant vos yeux éblouis le portrait d'une femme éternellement aimée, peu importe qu'en réalité

102

elle change de nom et d'âge, de manière, de langue, puisque c'est la même. Alors que le désir, lui, qui est le grand fidèle, crédité de toutes les frasques, de toutes les infidélités, cherche une femme chaque fois différente pour jouer l'éternel même scénario qui lui a été donné au berceau, avec un prénom, une couleur de peau, un sexe, un visage.

Car c'est ainsi, qui sait ? que l'amour entre en jeu, pour couler ce désir aux forceps dans le cadre du portrait de cet autre-là, en face de moi, qui me sourit et me plaît. L'amour qui, lui, cherche à revenir au deux initial, au commencement de la psyché, à sa naissance même. Nous étions deux : une mère un enfant, imbriqués au point de ne faire qu'« une femme enceinte » jusqu'à ce que l'enfant paraisse. Croyons-nous être délivré de ce rêve, de cette incroyable réalité, nous étions deux et nous sommes seuls ? Croyons-nous qu'une vie suffit à être quitte de cet arrachement – vraiment ? Mais comment faire alors pour ne pas être dans le deuil, la culpabilité (pourquoi, comment l'ai-je perdu ? qu'ai-je fait de mal pour cela ?), l'exil (version haute) le désir d'en finir au plus vite (version lente) l'envie de fuir tout le temps (version rapide) ? Alors on s'attache. On s'attache tout le temps. À des êtres, des choses, des situations, des périls, des merveilles, des bêtises aussi. On s'attache et on s'ennuie de cet attachement au bout d'un moment, il est un entre-deux (heureusement), il enferme le diable dans la boîte comme ces jeux d'enfants qui font sursauter et puis rire les tout-petits. Mais comme tout cela, finalement, est magnifique. Et si la vie s'y retrouve, c'est peut-être parce que nous sommes impuissants à retrouver la combinaison magique. On voudrait pouvoir aimer toujours et que le désir, comme une âme compatissante, nous soutienne une vie entière dans cette ferveur. Mais au désir il faudra du manque et de l'absence, de l'imagination et du fracas, de la peur, de la honte, de l'excitation, de la jalousie aussi et ne jamais oublier que l'autre n'est pas à soi, jamais prenable, jamais tout à fait là.

En cas d'amour

– Que faire... en cas d'amour ?

La psychanalyste, stupéfaite, la dévisage.

– ... en cas d'amour ? ne peut-elle s'empêcher de répéter.

– Oui, c'est ça, en cas d'amour.

Plus tard, elle lui dira :

– Je vais vous expliquer. Je vois bien que vous ne comprenez pas. Il est fascinant. Il n'aime pas se déplacer. Plusieurs personnes travaillent pour lui ; chez lui c'est une sorte de petite usine avec des gens qui cherchent à sa place aux archives, sur le net, etc. Il m'a demandé de rédiger un livre pour lui, qui sera signé par lui. Il ne faut pas qu'on me reconnaisse, pas de chance remarquez je suis une inconnue, je n'ai jusqu'ici publié que des histoires pour les mômes.

Elle se tait. Le silence revient comme un ouvrage aux mains de deux fileuses distraites, sans cesse repris, jamais achevé. Tricot laissé à dessein que des mains inoccupées saisiraient pour éviter de penser trop précisément à quelque chose (il faut tout de même compter les mailles...). Silence donc. Non que l'analyste s'accoutume à le laisser longtemps planer. Pas assez qui sait, se disait-elle parfois. Ne pas répondre à la demande, ce n'est pas nécessairement se taire.

La jeune femme qui était devant elle avait déjà fait une première longue analyse après une « TS » comme on dit pudiquement (mais n'est-ce pas là la plus grande obscénité ?) Elle était rompue à la logique du déni : « Ne croyez pas que..., comme disait Freud, je pense à ma mère... », discours tissant, détissant autour du même centre x sa logique itérative, brute, nécessaire où le « ne pas », le « sûrement pas », le « pas du tout » occupe la place du désir.
 – Vous avez peur de tomber amoureuse de cet homme ?
 – Non, pas du tout.
 L'analyste se le tient pour dit. Défenses regroupées sur le front est. Pas de brèche.

Les semaines s'étaient écoulées. La patiente réécrivait ce que lui donnait l'auteur. Il ne se passait rien, mais elle, visiblement, régressait. Elle retombait dans une sorte de tristesse sans objet que l'on aurait pu qualifier d'angoisse si elle n'avait pas été si peu insistante. L'analyste repensait à ce « cas d'amour » intempestif qui l'avait laissée sidérée. Elle se souciait de la tristesse de la jeune femme qu'elle sentait s'accentuer au fur et à mesure que le texte prenait forme, gagnant en clarté et en concision. L'ouvrage serait presque terminé dans un mois.
 Pas d'amour en vue.

Un jour, la jeune femme fit un rêve. Elle se tenait dans un arbre immense semblable au cèdre du jardin de leur maison de famille. Il supportait dans l'entrelacs de ses branches une cabane où la rêveuse se réfugiait.

C'était son rêve depuis toujours, commenta-t-elle, d'avoir une maison à soi dans les arbres. Il y avait là un chat, qu'elle prenait dans ses bras. Puis subitement le ciel se couvrait, le froid envahissait la rêveuse et le chat se mettait à la griffer. Elle le lâchait, il s'enfuyait. Elle ne se sentait plus en sécurité. D'en bas on lui criait de redescendre : l'arbre était empoisonné, il fallait qu'elle s'en aille au plus vite. Très triste, elle commençait à redescendre l'échelle et se rendait compte que les barreaux peu à peu disparaissaient, la laissant sans appui dans le vide. Autour du tronc était nouée une écharpe bleue. Elle s'en saisissait pour tenter de faire une corde comme on le voit, dit-elle, dans les vieux films où les prisonniers s'évadent avec des draps de lit noués les uns aux autres. Elle s'était réveillée le cœur battant, très angoissée.

– Cet arbre, c'est lui, l'écrivain, dit-elle, visiblement encore affectée par le rêve. Il a cette aura qui rassemble toute cette cour autour de lui, il protège des tas de gens dont moi, il les fait travailler pour lui et leur permet de vivre, il a une assez grande famille, c'est un univers à lui tout seul. Il rappelle le cèdre sous lequel mon grand-père s'endormait l'été lorsqu'il venait s'installer chez nous à la campagne.
– Dans le jardin de votre maison de famille ?
– Oui.

La psychanalyste sentait combien il était pénible à cette femme de revenir à ce grand-père qui, sous prétexte de sa maladie de guerre – sorte de semi-paralysie qui le gardait au lit –, avait mis chacun de ses petits-enfants tour à tour dans son lit « pour le réchauffer ». La scène traumatique avait été évoquée par elle, chaque fois avec honte et difficulté, aussi le silence familial,

107

la crainte de toucher à ce « héros de guerre », résistant de la première heure, dont la gloire et le nom rejaillissaient sur sa famille jusqu'à ce qu'un alzheimer foudroyant ne vienne le retrancher du monde des vivants.

Le rêve ouvre l'accès à un espace symbolique dont l'arbre ici est le centre, lieu psychique désigné comme idéalement protecteur et hospitalier pour la rêveuse. Le chat est peut-être une représentation de sa part la plus instinctive, celle qui « sait » bien avant la conscience ce qui est bon ou mauvais pour elle. Le chat, lové dans ses bras, s'enfuit le premier et se retourne contre elle. Il s'enfuit car il sait que l'arbre est devenu empoisonné ; rétrospectivement, on peut interpréter son attaque contre la rêveuse comme une tentative de l'inconscient de la prévenir. On pourrait faire le parallèle, pensait l'analyste, avec la menace que l'inconscient désignait en la personne de cet écrivain. Mais en réalité l'écrivain n'avait pas tenté un seul geste équivoque envers la jeune femme, il la traitait bien, était respectueux des horaires et du cadre, bref, aucun abus visible. Il y avait donc autre chose. La rêveuse exprimait-elle à travers cette peur de tomber dans le vide la crainte que son mal-être actuel n'aboutisse à une véritable crise mélancolique ? Elle pensa à la fin très énigmatique du rêve, à cette « écharpe bleue » providentiellement nouée au tronc et à l'étrange association faite par la rêveuse à l'intérieur du rêve lui-même : des prisonniers nouant aux barreaux de leur cellule des draps de lit pour s'évader.

– Que vous évoque cette écharpe ?
– Elle ressemble aux foulards que portait ma mère. Elle en avait toujours un autour du cou, en toute occasion, dès qu'elle sortait.

Sa mère était morte, lui avait dit la jeune femme, quelques années après la disparition de son propre père (le héros de guerre) d'une pleurésie mal diagnostiquée, compliquée par un germe infectieux contracté à l'hôpital qu'aucun antibiotique n'avait pu guérir. Que pouvait représenter cette écharpe bleue, sorte de doudou miraculeux évoquant spontanément (mais pas très sérieusement) cette évasion de gangster dans les vieux films en noir et blanc ? La mère était scénariste, la psychanalyste s'en souvenait à présent, et avait souffert de ne pas être reconnue suffisamment. Elle disait à sa fille que les scénaristes étaient les larbins de l'industrie du cinéma, leurs faire-valoir, leur réserve d'idées et de magie mais ensuite pillés, leur scénario remanié cent fois quand il n'était pas carrément trahi. On pouvait lui supposer une vocation d'écrivain « voilée », comme était voilée celle de sa fille qui, elle, donnait ses mots aux idées d'un autre, le « vrai » écrivain. Aller avec sa mère au cinéma voir des vieux films avait toujours été un moment très heureux, se rappelait la rêveuse, avec fous rires et discussions passionnées. L'allusion aux films de gangsters était un rappel clair de ce temps-là. Mais le décor était planté : c'était une évasion. Il fallait donc bien sortir d'une cellule. Et, dans le rêve, il s'agissait de quitter la cabane-cellule où la rêveuse était si bien. Image parfaite du fœtus. La cabane au centre des ramures évoque le réseau entrelacé des veines qui abrite le bébé et l'arbre ventre où il est nidifié.

– ... cette écharpe bleue autour de son cou, c'est comme si elle voulait se protéger tout le temps... De quoi ? je ne sais pas. Elle est morte d'une pleurésie.

Le mot pleur-ésie arrêta l'analyste, une réserve de larmes emplissant les poumons jusqu'à l'étouffement.

Ces larmes avaient-elles gagné sa fille ? Faut-il s'étouffer de pleurs quand on ne peut haïr un grand-père incestueux, un héros inattaquable ?

Il est difficile de penser la haine. Freud nous dit que l'ambivalence est à penser sur fond de haine. L'ambivalence ressentie par un enfant : un jour, maman m'aime, un autre elle ne m'aime plus ; un jour, elle me serre dans ses bras, le lendemain, elle me persécute pour rien, est une manière de sauver la mère, de lui prêter un amour imaginaire qui emploie une forme subtile de destruction plus efficace encore que la pure méchanceté puisque c'est employer les mots de l'amour à des fins de manipulation. C'est la destruction de l'autre qui est poursuivie sans relâche, même si c'est son propre enfant. Dans la mesure où il est différent de soi, où il s'écarte du ventre pour devenir lui-même un autre, il est désormais un rival. La jalousie est-elle le moteur de cette haine ? Comment penser la destruction au sein même de la cellule familiale, comment penser ce renversement du plus proche en champ de bataille furieux où la destruction est l'un des noms de la folie ? N'y-a-t-il pas une ambivalence bien réelle chez la mère de la rêveuse, maternante et dévorante, soignante et aliénante ? Une anorexique se gave de mille horreurs puis se fait vomir avec des images morbides qui la hantent, mais, le matin suivant, elle prend un thé léger et se prélasse au lit avec un bon livre – laquelle des deux est la plus réelle ? Ne reproduit-on pas sur l'autre ce même mouvement de balancier infernal qui vous harcèle intérieurement ? Autrement dit, est-ce seulement de la haine de soi qui tour à tour rend votre enfant désirable à vos propres yeux puis objet de dégoût et de honte ?

Comment dans une analyse accueillir cette sorte de haine qui, chez le patient, vous attaque puis ensuite vous désarme par des appels à l'aide et des larmes de crocodile ? Comment ne pas édulcorer ses effets de violence en voyant dans l'ambivalence un cheminement patient vers l'amour ? Dans ces contrées-là, pensait la psychanalyste, c'est comme dans les vieux westerns, il faut garder le colt à la ceinture et être sur ses gardes. On est vite pris au piège. Mais l'écoute flottante dans un fauteuil de velours fané, les yeux mi-clos tandis que l'on griffonne, est-ce que cela suffit ? Comment atteindre ces territoires de l'autre où tout a été stérilisé par le désamour, les paroles fausses, la lente destruction de l'estime de soi de l'enfant qui reste sur le seuil pour savoir si la mère, une seule fois, va se retourner, lui faire signe...

Et si l'arbre monstre qui, de secourable, devenait un arbre tueur était la mère elle-même, dont le souvenir jetait la patience dans une indicible tristesse ? L'écrivain serait alors celui qui en l'aimant pouvait la sortir du cercle enchanté du désamour maternel et enfin la désigner elle, non comme une pâle doublure mais comme une femme à part entière et pas seulement dans ses mots. La psychanalyste se dit qu'elle-même à son tour s'était faite piéger par les sirènes de l'amour maternel en lui faisant craindre pour sa patiente une « mauvaise » séduction de l'écrivain pervers qui aurait utilisé la pauvrette à ses fins. Ainsi avait-elle (comme l'aurait fait sa mère) mis en garde sa patiente contre l'écrivain, secrètement soulagée qu'il n'ait pas « fait un geste » et ne comprenant pas pourquoi elle, la rêveuse, se mélancolisait ainsi sous ses yeux.

Elle dit à la jeune femme la séance suivante que son appel : « Comment faire en cas d'amour ? » était un

111

désir et non une crainte, et qu'à ne pas y répondre elle redevenait la petite fille laissée par sa mère aux mains d'un grand-père ogre tout-puissant. Elle reconnut également qu'elle aussi avait été dans la crainte de la voir « tomber aux mains de l'ogre » – une expression que la jeune femme avait employée à plusieurs reprises. Mais l'ogre n'était pas l'écrivain, l'ogre était l'ombre portée de la mère, la belle indifférente que les écharpes superposées n'avaient pas empêchée d'être prise par les pleurs et par la mort après la mort de son terrible père.

Écouter est un art difficile, car on tombe soi-même aux mains de l'ogre, lui dit-elle. On travaille sur nos propres points aveugles, nos impasses, nos dénis. On travaille à partir d'un point d'aveuglement de soi comme on descend à l'intérieur d'une mine, à ciel ouvert mais loin dans les ténèbres. Ce point d'aveuglement est presque une zone de retranchement, une zone où « ça interprète », mais où l'analyste n'entre lui-même qu'à peine, et sur la pointe des pieds, sans trop rien voir. Le psychanalyste anglais W. R. Bion utilisait l'expression de « pensée sans penseur » pour signifier ces idées qui s'emparent de l'individu de plus loin que lui-même, venues de ces contrées où il n'y a plus de « sujet ». Peut-être que dans la mine où descend l'analyste, quand on croit « entendre », on n'entend rien, je veux dire que ça se passe sans réflexion, dans un travail de pensée qui ne passe pas par la case « je sais ce que je suis en train de penser, d'élaborer » mais par une « pensée sans penseur », une traduction en direct de l'impensé vers l'impensé en passant par des images, des sensations, en recréant de fines passerelles là où tout avait été dynamité. C'est à partir de ce point d'aveuglement et d'abandon qu'une vérité s'origine, du moins une certaine vérité.

Dans ce métier étrange d'analyste, on ne sait jamais très bien ce qui se passe, on est deux alpinistes encordés les yeux fixés sur la prochaine corniche, surveillant le vent, les chutes de neige, la température. Attachés à des choses finalement extrêmement précises (le mouvement d'un poignet, le déplacement du corps de quelques centimètres, le balancement d'une hanche sur l'autre, la surveillance du champ visuel à chaque instant), on s'aventure sur ces parois arides au risque de ne rien découvrir. Tout est dénudé. Les rêves y sont presque, je dirais, la seule trace. Tout le reste a été effacé. Il ne s'est rien passé. La souffrance devient honte, l'enfant que l'on a été voudrait pouvoir tout oublier et vivre comme les autres (ce qu'il croit du moins de la vie des autres), il voudrait pouvoir oublier les cris, éloigner les menaces, les ordres absurdes, les humiliations. Ces territoires psychiques où tout a été dévasté, mais avec tellement de finesse qu'il ne reste que des dentelures de sens, des leurres de sirènes, n'accueillent aucun visiteur, pas même les voyageurs. Il faut s'y risquer à deux, au moins deux, pour ne pas devenir fou.

Le portable, une histoire d'adultère

Le portable a changé l'histoire de l'adultère, son pouvoir transgressif, son mode opératoire, son rapport à la dissimulation, sa diffusion. Avant l'apparition du téléphone portable, il semblait inconcevable que des gens puissent marcher en parlant à haute voix dans la rue à un interlocuteur invisible sans se soucier des autres. Au cinéma, la vision de cet instrument a supplanté celui de la cigarette jetée par le héros bogartien fatigué. Cette petite boîte noire tour à tour accrochée, décrochée de notre corps, fonctionne comme un objet transitionnel, substitut de l'autre auprès de nous, réceptacle de nos addictions les plus secrètes. Plus même de sonnerie pour nous avertir d'un nouveau message – une discrète vibration suffit, que vous serez seul à percevoir.

Tout a changé : les contacts sont plus faciles, la localisation difficile, les rendez-vous modifiables à merci, les traces effacées pour peu, du moins, que l'on sache se servir des capacités de cet objet minuscule qui chaque année gagne en efficacité et en légèreté. En ce qui concerne les implications philosophiques de l'invention du téléphone, je vous renvoie à ce magnifique livre d'Avital Ronell sur le phénomène du téléphone [1], qui

---

1. Avital Ronell, *Telephone Book*, Bayard, 2007.

114

va de l'invention de Bell jusqu'à la préposition au poste de censeur des postes et télécommunications de Heidegger pendant la Première Guerre mondiale, et bien d'autres histoires. La philosophe américaine y questionne l'incidence de cette technologie (qui met la communication et la transparence au cœur du rapport du sujet à lui-même) sur nos mentalités, notre rapport à nous-même et autrui. Mais revenons à de plus prosaïques incidences...

À l'ère de la globalisation et de la simultanéité de l'information, couper son portable revient à se couper de tout appel possible, interrompre la source d'une excitation inégalée, qu'elle soit souffrante ou joyeuse. L'autre virtuel a-t-il pris, comme on le dit souvent, la place de l'autre réel ? Sans doute pas, mais il le déplace, temporellement, spatialement. Ces petites maisons portatives glissées dans la poche sont autant de microfragmentations du « moi ». L'objet se doit d'être toujours « en veille » et la communication, indéfiniment possible. C'est l'éternelle suspension du désir, porté jusqu'au grotesque. Le dernier bijou technologique est ce qu'il nous faut, maintenant, tout de suite.

C'est l'objet de votre amour mis à disposition qui vous appelle enfin ; brève et fragile élection. Toujours insuffisant et partiel, mais qu'importe. Sa voix vous parvient.

Tu appelles, je ne suis pas là. J'appelle. La voix ici fait chambre d'écho à tous nos fantasmes. L'ordre donné : réponds-moi ! vous intime de répondre même en votre absence, même dans le malentendu le plus total, comme si la vie en dépendait soudain, et vous convoque au désir. « Où es-tu ? » l'appel trahit une présence amoureuse suspecte. L'infidélité est affaire de pulsion, le désir vient faire désordre, oui, dans votre vie, menacer le bel équilibre, vous rendre à ces contrées où le mensonge et la vérité se côtoient, où il est difficile de démêler ce qui est de la trahison, de la protection (croit-on) de l'autre et la simple autorisation qu'on se donne de tricher un peu pour que ça continue. L'intensité éprouvée n'est pas toujours du fait seulement de l'autre, mais de la situation elle-même, brutale, secrète, interdite. Le divan du psychanalyste et le téléphone portable partagent dès lors ce privilège d'avoir accès à la « vérité inavouable » de votre désir. Si le téléphone est oublié – acte manqué – et que l'autre parvient à extraire de sa mémoire ou de son « historique » les preuves de votre double vie, c'est le déluge des mots qui s'annonce, des pleurs, de la colère avec cette chose étrange qu'il faut admettre : nul ne sait vraiment quand l'amour n'est plus là, quand il a déserté. Un adultère dans une histoire où l'amour n'a pas fini son ouvrage ne laissera pas de traces si terribles, juste un avertissement, une marge laissée au secret de l'autre, tandis que dans une autre histoire où l'amour, sans qu'on se le soit vraiment dit, n'était déjà plus là, l'adultère ne sera que le prétexte à voir enfin cela, la fin d'un amour. C'est toujours loin en amont que s'amorcent les failles : ennui, défaillance du désir, angoisses, elles viennent ouvrir des chemins de doute qui prendront parfois des mois, des années qui sait, à parvenir à l'air libre, là où les choses se voient, se disent et se brisent sur le réel. Le téléphone portable est ici l'agent perturbateur, l'élément qui cristallise l'opération chimique qui sans lui aurait eu lieu de toute façon. Les images que recèlent la voix de l'autre en vous passent en accéléré, tout est consommé très vite, oublié aussi, révélé peut-être, caché sûrement jusqu'à la prochaine prise, le prochain excitant.

Hansel et Gretel

Il était une fois un frère et une sœur dans un pays où vivait une méchante sorcière... Au pays d'Hansel et Gretel, les enfants ont tous les droits. Parce qu'ils sont en danger de mort, ils ont le droit de s'aimer, de délirer ensemble, de s'enfuir, d'être extravagants, géniaux, idiots, de défier les lois, de disparaître ensemble. Ceci est l'histoire de deux enfants qui se sont aimés pour résister ensemble à la folie et à la mort. Ici pas de châteaux hantés, pas de marâtres, ni de chaudron où l'on fait cuire les bébés, pas de folle Baba-Yaga ni de forêt empoisonnée, juste des faux semblants en guise d'amour et de la haine distillée finement comme du sucre d'orge filé.

Ça commence comme dans les contes, la mère, belle et tendre, meurt d'un cancer du poumon, à trente-huit ans. Elle n'avait jamais fumé. Elle laisse deux enfants, Sarah et Malo, sept ans, cinq ans. Le père se remarie, mais la marâtre n'a pas de miroir magique à qui elle demanderait chaque matin si elle est toujours la plus belle, c'est une universitaire surchargée de cours et d'étudiants à coacher, qui rentre tard le soir, est harassée et ne s'occupe que de très loin de ces deux rejetons-là. Coupable d'indifférence tout au plus.

117

Supposant comme souvent, alors qu'elle fait métier d'éducatrice, que les enfants ça pousse tout seul et ça s'éduque aussi tout seul. Le père est plus énigmatique. Il boit, mais en cachette. Personne ne le surprend jamais à déboucher une bouteille. Simplement les ordres d'achat d'alcool pour la semaine sont considérables et c'est toujours lui qui s'en occupe. Il travaille la plupart du temps, dans son bureau au bout de l'appartement, il a monté une start-up en expertises biochimiques et ça marche. Ensemble, ils n'auront pas d'enfants – de toute façon, ils n'en voulaient pas. Voilà le tableau que les proches auraient tous pu dresser de cette famille. Il y a aussi un oncle dont la présence va peser très lourd dans l'histoire. Un oncle trop gentil, célibataire, qui se propose d'emblée pour garder les enfants le soir. Mais pourquoi ne se méfie-t-on pas des hommes célibataires quand ils ont cinquante ans ? Les célibataires, ça n'existe pas. Les femmes ont tendance à croire que les hommes peuvent se passer de sexualité, qu'un homme qui vit seul à trente, quarante ou cinquante ans pourrait « ne voir personne » et pourquoi pas ? En effet, pourquoi pas ? mais ça n'arrive presque jamais. La sexualité masculine est ainsi faite qu'elle a besoin de l'autre. Et soi-même comme un autre ? Oui, mais pas toute la vie, pas si longtemps. Les hommes célibataires peuvent être des homosexuels qui n'osent pas le dire – le problème étant que, s'ils n'osent pas le dire, il est fort à parier qu'une instance en eux s'exerce à les tyranniser beaucoup plus que ne le fera jamais leur famille, et qu'à ce jeu-là c'est en eux et contre eux-mêmes que l'oppression fait rage. Les femmes préfèrent croire que, sans elles, il ne se passe rien pour un homme, mais non, rien n'est si simple. Les voies de sublimation sont multiples certes, mais à un moment ou à un autre la pulsion réclame son dû, le diable sort de sa boîte et la ronde commence.

L'oncle a commencé par séduire le frère, puis la sœur, ce qu'il aimait c'est les enfants, mais ça, il ne l'aurait jamais admis. Il n'était pas comme d'autres à surfer sur le net à la recherche de ces sites qui offrent les corps des enfants comme autant de chairs exposées sur l'étal du boucher, prêtes à être consommées, seul ou à plusieurs. Non, il aimait juste les regarder jouer, les voir se déshabiller, faire des séances de chatouille dont il sortait fatigué et très excité (mais les enfants ne savaient pas ce que c'était). Les enfants s'endormaient de plus en plus tard, c'étaient des conciliabules à n'en plus finir, des fous rires, des jeux qui glissaient de la caresse au regard sans jamais « déborder », bref, le pur bonheur.

Face à l'austérité d'un père éternellement enfermé dans son bureau, sans approche possible, sans transmission aucune (qu'aimait-il, qu'est-ce qui le faisait rêver, de quoi riait-il ? aucun des enfants ne le savait), face à une belle-mère aussi peu protectrice qu'un fer à repasser, absente et toujours fatiguée, l'oncle était l'inventivité même, l'ouverture à la vie, la curiosité (il leur lisait des livres, les emmenait au cinéma, improvisait des petits concerts), la loufoquerie. Que savait le père de son frère aîné à qui il déléguait ainsi ses enfants ? Ils avaient presque dix ans d'écart, n'avaient quasiment jamais vécu ensemble, étant en pension tous les deux. L'abandon se transmet aussi vite que la lèpre, ça passe de génération en génération sans être questionnée, tant les raisons données, rationnelles ou folles, fonctionnent comme si ça venait de la réalité même, toute-puissante.

119

Sarah et Malo étaient inséparables, ils s'étaient inventé une langue à eux, d'innombrables jeux, ils partageaient leurs lectures, leurs idées, échangeaient leurs repas, deux jumeaux n'auraient pu à ce point se mélanger. Ils dormaient ensemble, dans le lit de l'un ou de l'autre, leur corps s'étendait naturellement au corps de l'autre sans que rien, dans cette « confusion des peaux » ne leur semble étrange ni même questionnable. Dans *Le Banquet*, Aristophane propose de lire l'humanité comme une entité hermaphrodite qui fut séparée en deux moitiés l'une homme et l'autre femme ; il ne dit pas si c'était un frère et une sœur dont l'autre moitié une fois divisée passerait sa vie à chercher l'autre. Malo et Sarah ne pouvaient concevoir d'existence séparée, c'était leur folie à eux, douce et fantasque. Ils ne voyaient pas rôder la force morbide de leurs jeux exquis. Ils voyaient encore moins le danger auquel chaque jour ils résistaient en unissant leurs forces pour ne pas sombrer entièrement. D'un côté l'indifférence, de l'autre, la perversion. Car l'oncle un jour trouva une amie avec laquelle il entra dans ce monde qu'on appelle pudiquement le SM. Avec crochets, justaucorps en cuir et valises remplies d'ustensiles pour fouetter, corroder, couper, contraindre, châtier, et il trouva cela délicieux. Il s'enferma dans les salles fermées des donjons et du jour au lendemain s'écarta des enfants. Puis les oublia tout à fait.

Heureusement, dira-t-on, imaginez s'il avait découvert avec eux... La naïveté serait de penser qu'il ne s'était rien passé avant, que les enfants avaient été entraînés à des jeux certes un peu trop « rapprochés » de ce gentil oncle, qui les avait ensuite simplement délaissés pour aller vers des amusements autrement plus musclés. La violence ordinaire a cela de terrible qu'elle ne se donne jamais pour ce qu'elle est. Le mensonge de l'amour est funeste, car il colore entièrement l'existence de ceux qu'il a abîmés. C'est au nom de l'amour qu'on distille les poisons les plus tenaces, les plus invisibles perversions. La gentillesse est l'alliée absolue de la perversion car elle doit être « désirée » par les victimes, sans quoi le jeu ne marche plus. Les enfants ne se rendirent compte du mensonge qu'à partir du moment où l'oncle lassé d'eux, excité par d'autres plaisirs, les abandonna à leur sort, sans plus jamais se préoccuper d'eux, sans demander de nouvelles, sans écrire ni appeler. Mais c'était inévitable, car poursuivre avec eux aurait été trop dangereux. Ils grandissaient, se seraient peut-être interrogés sur les délicates attentions de leur oncle, auraient posé des questions autour d'eux. Et puis s'en aller c'est abandonner le terrain, ne plus exercer de pouvoir et donc pouvoir être démasqué. Le risque est grand d'être découvert. Certes le pervers parie sur la honte pour que tout cela s'enfouisse, et sur le temps qui passe – un allié fidèle – pour que l'on n'ait plus la force, une fois adulte, de revenir en arrière, chercher le coupable, invoquer la justice.

Les enfants ne comprirent pas, tout d'abord, ce qui leur arrivait. Ils se plaignirent de cet abandon au père. « Vous êtes grands maintenant, répondit le père, vous n'avez plus besoin d'un baby-sitter, à onze et à neuf ans, on s'endort tout seul et pour le cinéma, tant pis, il est temps de travailler. » Tout s'écroulait doucement et personne ne voyait rien. Les notes à l'école continuaient d'être bonnes, n'est-ce pas ce qu'on demande aujourd'hui à un enfant pour qu'il vous laisse tranquille, la conscience en paix ? Est-ce pourquoi tant d'entre eux ne trouvent plus que ce terrain-là (être mauvais en classe) pour rappeler à leurs parents si aimants si absents qu'ils existent ? Mais qui veut se déranger pour un enfant quand il n'a plus trois ans ? Être là pendant qu'il mange, qu'il joue de la musique, qu'il lit, qu'il découvre la vie, lui tenir la main à travers les gués de la rivière et le couvrir des yeux tandis qu'il s'éloigne, l'endormir et écouter ses sanglots, le laisser rêver en paix, s'ennuyer, être triste mais se tenir prêt quand il vient vous parler d'une broutille d'une affolante importance à ses yeux ? Personne n'a le temps, voyons, pour ces bêtises.

Ce qui est affolant c'est l'aptitude de l'enfant à être abandonné. Abandonné sur pied là, en présence de tous, tranquillement. Sans offense apparente. L'enfant abandonné, c'est celui qu'on ne cherche pas et qui à la fin du jeu de cache-cache sort de sa cachette en disant à la cantonade : tant mieux, de toute façon, je voulais pas qu'on me trouve. Les enfants abandonnés sont choyés, gâtés – du moins chacun le croit. Les parents sont irréprochables, ils ne parlent pas, ne transmettent rien, offrent des déluges de cadeaux, inversement proportionnels à leur présence, mais ils sont impeccables. Le désastre en cours ne leur apparaît pas, ils gèrent leur famille comme leur portefeuille avec la certitude d'avoir bien investi là où il fallait. Ce n'est même pas de la haine, c'est de l'indifférence. Ces enfants-là sont les plus fragiles à la perversion car ils sont affamés de sentiments, d'émotions, et le pervers sait manier tout cela parfaitement. Lui n'éprouve pas de sentiment, mais il fait semblant à merveille, au point d'y croire lui aussi. Sa « sincérité » est à toute épreuve. Il est le premier à s'émouvoir devant un film triste. Et chacun succombe à sa séduction. Mais tentez de lui résister et il vous broiera, sans la moindre hésitation et sans verser une larme. L'oncle était de ceux-là, taquinant le corps des enfants pour s'exciter avec eux, contre eux, entre eux.

Les jeux ayant pris une tournure plus poussée, les enfants s'entrelacèrent pour survivre, ils se fabriquèrent un corps pour deux, une seule tête, un seul cœur. Comment résister à la perversion sinon par la ruse, la folie ou la mort ? Heureusement, comme Hansel et Gretel, ils choisirent la ruse. Ils firent semblant d'être deux, accentuant visiblement leur différence, cassant leur image gémellaire, pour mieux préserver en secret une inaltérable identité.

L'aînée devint danseuse, l'autre son manageur. Aucune liaison ne les tenait longtemps loin de l'autre, la sphère était trop parfaite, et puis s'ils en étaient venus à se séparer, ou même à se différencier en tant soit peu profondément, le séisme aurait tout emporté – cataclysme de ce qui s'était passé pour eux enfants dont ils avaient été tour à tour les témoins et les acteurs, sous les regards détournés des adultes consentants. Certains parents acquiescent à l'enlèvement (sans rapt ni violence apparente) de leur enfant par un tiers qui les déleste de la tâche d'éduquer, de partager, d'aimer.

Seulement les enfants abandonnés vieillissent douloureusement car il arrive un jour où cesse la capacité d'improvisation, quelle que soit l'adresse avec laquelle on négocie les tours de magie. Le temps fait remonter le trauma, il drague la rivière où est tombée dans l'oubli la douleur en même temps qu'il l'enfouit sous le sédiment des années. La danse est un art difficile qui a peu d'élus après quarante ans. À l'heure où certains commencent à vivre, les athlètes de haut niveau, s'ils n'ont pas d'autre vie que celle pour laquelle ils exercent leur corps, ne savent plus comment avancer. Aucun corps ne demeure dans la perfection de la jeunesse. Sarah s'abîma les genoux (je/nous) et dut interrompre sa carrière. L'équilibre fragile de leur « couple fraternel » était menacé. Malo ne savait plus quoi faire.

En quelques années la haine vint remplacer ce que la fusion avait si longtemps préservé.

C'est ainsi que Sarah arriva dans le cabinet de la psychanalyste. Et la psychanalyste pendant des mois écouta patiemment le récit de cette enfance saccagée, puis de cette haine nouvelle contre le frère devenu ennemi. Mais la haine vous endort quand vous ne la partagez pas, rien de plus monocorde, ennuyeux, bête en somme, que la haine. La psychanalyste écoutait et rien ne se passait. Être prise à témoin d'une haine étrangère, quelle insupportable perte de temps. Elle le lui dit un jour et Sarah s'en alla. Mais quelques semaines plus tard, elle rappela, bouleversée. Demanda un rendez-vous en urgence, qu'elle obtint, aussitôt.

La psychanalyste crut la mort du frère arrivée ou quelque autre catastrophe. Mais rien de tel, Sarah s'assit face à elle et lui relata un rêve. Elle était au bord de la mer avec son frère et tous deux jouaient sous les yeux de leur belle-mère.

« On voulait faire un château de sable, vous savez avec des douves et des ponts, quelque chose que la marée viendrait ébouler, mais très beau, presque parfait... – comme eux, pensa l'analyste, ils avaient dû être des enfants très beaux, presque miraculeux, dont personne ne se souciait.

« ... quand soudain une ombre recouvrit le ciel, et le ciel se mit à se rapprocher de nous à toute vitesse, je ne saurais pas vous décrire cette sensation mais c'est une terreur sans nom, c'est au-delà même du cauchemar... – elle s'interrompit, comme si la seule évocation allait réveiller cette sensation corporelle d'effondrement du monde –, le ciel nous écrasait, il n'y avait plus d'interstice, je ne respirais plus... – L'analyste remarqua l'arrivée discrète du je... quasi inaudible. – Puis j'ai

124

perdu de vue mon frère, il était aspiré, recouvert lui aussi par ce brouillard de plomb. Je me retenais au sable qui m'entrait dans la bouche et, partout, je cherchais la mer, je me disais que la mer tout entière ne pouvait être recouverte, mais je me noyais. Je me suis réveillée très oppressée et j'ai pensé que j'allais arrêté de fuir. Qu'il était temps enfin de me poser, de respirer, de commencer une autre vie. J'ai pensé à la mue des serpents, je me suis dit que s'ils survivaient, moi aussi je pouvais y arriver... »

L'analyste écouta son rêve. Comment offrir une résonance à des images dont la charge d'angoisse était encore palpable ? C'était un rêve de trauma, un de ces rêves qui viennent des contrées violentées de notre être, sans loi et sans sujet, que l'inconscient, veilleur à sa manière, isole au maximum de la conscience. Le ciel, c'est l'espace sans lequel aucune protection n'est possible, l'espace à partir duquel un corps se définit, respire, grandit, c'est là que l'on avait situé le père des dieux, Zeus, c'est le lieu archaïque du transcendant, de la verticalité, de ce qui ouvre notre regard : le lointain. Mais c'est aussi l'endroit des tourmentes et des ouragans, là où ça prend feu et souffle. Et quand le ciel descend et vous oppresse plus aucune vie n'est possible, l'air que l'on respire se mue en tombeau. L'oncle avait peut-être été l'un de ces ciels qui d'abord ouvre l'horizon puis remplit vos poumons d'un brouillard délétère, même la terre devient du sable, quant à la mer, on s'y noie, aucun refuge là non plus. L'inconscient semblait avoir eu recours aux images les plus archaïques pour signifier une scène antérieure à toute mémoire, où tout ce qui porte la vie littéralement (le ciel comme espace de la psyché même, mais aussi ce qui accueille tout ce qui existe) devient menaçant, où la possibilité même de se tenir debout disparaît et où

125

toute possibilité de refuge se dérobe. Le brouillard s'infiltre partout jusqu'à ce qu'il n'y ait plus d'air autour du corps, plus d'interstices pour penser, respirer, vivre.

— Il faut que je vous avoue..., dit Sarah, mon frère, je ne lui parlais pas, je ne savais pas ce qu'il pensait, j'*étais* mon frère, j'étais Malo, j'étais comme lui et avec lui. Maintenant que nous sommes séparés, j'ai l'impression qu'il n'y a plus rien, juste un grand trou en moi avec un peu de chair autour.

Elle l'écoute. La séance prend fin. Elle reste avec ce silence en travers du corps, aussi prégnant que ce brouillard. Le rêve de Sarah ouvrait la conscience d'une infinie douleur de séparation, qui n'apparaissait pas comme telle mais seulement comme la dépouille d'une charogne. Un trou avec de la chair autour. La psychanalyste lui dit que la fusion froide entre deux êtres signalait cet état d'être non séparé qui brûle tout ce qui vit autour, tout ce qui n'est pas soi, que c'était une passion sans affects en quelque sorte, mortifère parce que la vie est dans la différenciation, le processus de détachement, du progressif « dés-enveloppement de soi » qui vous détache des origines, parents, fratrie, amis d'enfance, pour aller vers cet inconnu qui vous constitue et qu'on appelle le monde.

L'inceste entre frère et sœur s'invente rarement sans qu'un danger autour ne rôde autour de ces enfants-là : souffrance, mensonges, cadavres et secrets enfouis dans l'histoire des proches, c'est un terrain miné qui offre pour seul refuge de redupliquer la violence dans une fusion totale pour résister, survivre ensemble puisque seuls, ils risquent l'anéantissement. Parfois la haine ne vient que pour tenter de défaire la fusion dévastatrice qui a tout emporté. La possibilité d'une parole vraie, d'un monde fiable, d'une reconnaissance possible, arrive trop tard.

En cherchant dans la généalogie de son père, Sarah trouva deux jumeaux morts dans la bataille de la Marne, aux côtés des Anglais. Elle se rendit là-bas, où la bataille avait eu lieu. C'était un site militaire désaffecté, il n'y avait pas de tombes, juste une plaque commémorative avec les noms. Pierre et Michel R. Ils avaient dix-huit ans. Des enfants. L'oncle s'appelait Pierre, en mémoire de l'aîné. Son petit frère, leur père, avait été davantage préservé, on l'avait appelé André, nom issu de la lignée maternelle. La pierre, c'est ce qui résiste à tout, même à la mort. Comment cette mémoire entre-t-elle dans nos corps, comment prend-elle possession d'une vie jusqu'à lui faire rendre gorge, si elle ne découvre pas de quoi elle est redevable, de quels secrets enfouis on la recouvre ? L'oncle aimait les jeux SM, piètre reconduction d'une mémoire des charniers à laquelle on ne lui avait offert aucun accès conscient. Aucune parole ne lui avait été donnée autour de cette histoire-là. Et il n'en avait pas cherché. La fascination qu'exerçaient sur lui les enfants était sans raison. Sarah tenta de lui parler, en vain. Elle tenta de se réconcilier avec son frère, Malo, mais il différait sans cesse la rencontre, trop déprimé, disait-il, pour voir quiconque. Son père ne la voyait plus depuis quelques mois, prétextant qu'Irina, sa belle-mère, ne la supportait plus et qu'il ne voulait pas « prendre parti ». L'indifférence des proches, quand la mémoire du trauma se réveille, peut être létale. Sarah interrompit l'analyse, accusa l'analyste d'être désinvolte. De ne rien pouvoir faire pour elle, et se tourna vers la méditation.

Malo se pendit cet hiver-là. Sa sœur se rendit chaque jour sur sa tombe pendant un an puis renonça, elle aussi, à lui survivre.

Les enfants abandonnés avaient été séduits par les portes en sucre et les fenêtres en pain d'épice de la maison dans laquelle ils s'étaient réfugiés.

Cette fois, Hansel et Gretel n'avaient pas échappé à la sorcière.

C'est l'oncle qui s'occupa deux fois des enterrements. On loua sa générosité et la beauté de son témoignage.

Fusion froide

Comment exister quand on a été happé dans l'autre, confondu avec lui au point de s'y dissoudre ? Comment revenir doucement à soi quand on s'offre à l'autre au point de ne plus connaître les contours de son être ? Ce ravissement dans l'autre provoque de l'effroi et de la honte mais aussi une addiction certaine. Un addiction parce que le sentiment de vivre à deux dans un même corps, dans un même espace psychique nous rappelle sans doute à notre origine fœtale. Parfois cette fusion entre deux êtres est « froide ». La symbiose qui attache deux êtres l'un à l'autre sans qu'aucun d'eux puisse concevoir la vie sans l'autre est alors en surface tout à fait inapparente. Ils seront en apparence tout à fait différents, voire « en froid », fâchés, séparés, y compris géographiquement, mais en réalité la fusion reste totale, inentamée. L'addiction commence avec cette intensité de la fusion partagée.

Vivre chacun sur un continent n'empêche pas la fusion. Deux corps – une même peau. Ourlée, bord à bord. Le dedans de l'un est le dehors de l'autre : je sens ce que tu vis avant toi puisque je loge à l'intérieur de toi, et pourtant je te fréquente peu, j'ignore tes amis, je t'appelle seulement quand les occasions m'y obligent. Ça se passe souvent en famille, mais pas toujours.

Pour être séparé, il ne suffit pas de naître, d'être né. Il faut sans doute avoir rencontré dans cette solitude une respiration nouvelle, un espace à soi, avoir pu déployer son corps et planté des racines. Sinon, c'est à défaut du retour impossible dans le ventre maternel l'attachement à celui ou à celle qui fera revivre au plus près la portance fœtale, on sera lové au plus près des battements du cœur d'un autre. La fusion froide n'est pas sentimentale, elle est extrême, elle est glacée, sous une apparente indifférence ou brûlante, elle est pulsionnelle mais pas émotive – pas le temps d'abriter des sentiments où la différence de l'autre croîtrait en soi comme une ombre menaçante. Il faut faire comme si on n'était pas ou peu attaché, et s'engouffrer dans cet être. Mais si l'autre vit (sans moi) je meurs et, si l'autre meurt, je meurs aussi.

De l'amour et du désir
(the devil in the box)

Nous voulons un monde meilleur.

C'est entendu.

Un jour nous utiliserons les technologies les plus sophistiquées pour retrouver l'état de nature éternellement rêvé. Une technologie dont le génie saura se faire oublier, adaptant les aliments à tous les formats possibles, prédigérés – rien que le corps ne puisse assimiler, plus aucun élément nocif –, de bonne taille et couleur, absolument délicieux et cent pour cent « d'origine » ; rien que du vrai et du certifié bio. La technologie, sans nul doute, pourvoira à nos besoins d'authenticité les plus impérieux. Lentement, elle se substituera à nous pour nous rendre le jardin d'Éden. Sous le contrôle de normes de plus en plus strictes, elle nous fera marcher au pas d'un monde vert éternellement jeune et dépollué, autorégénéré que les hommes seront aimablement, mais fermement, appelés à respecter sans l'abîmer d'aucune manière. Orwell est loin derrière nous. Nul besoin d'un œil sidéral pour diriger la caméra à enregistrer nos désirs, nos conduites et nos songes. Il suffit que chacun y acquiesce ; la servitude volontaire est notre avenir.

Les décisions politiques comme les événements de la vie intime pourraient à leur tour prendre le pas. Plus d'autodestruction, rien que du calme et de la volupté. Dans ce monde où la beauté et la propreté régneront, les passions seront tout juste licites, autorisées dans des proportions raisonnables, et toute forme de violence anesthésiée dans l'œuf – embryons sélectionnés dès l'origine afin de percevoir une déviance éventuelle : gènes de la méchanceté, de l'envie, de la jalousie, de la bêtise, définitivement écartés.

La biotechnologie n'en est qu'à ses balbutiements. Il ne s'agit pas de la diaboliser. *The devil in the box* est bien trop malin pour se laisser enfermer de toute façon. Le monde meilleur que nous désirons est à portée de main, la question est : à quel prix signerons-nous ce pacte ? Le diable est le monde pulsionnel qui nous anime, la recherche de la vie intense. Nous croyons désirer quelque chose, quelqu'un, nous sommes des romantiques, nous pleurons, nous nous appelons, nous nous cherchons, nous nous épargnons, nous nous haïssons, nous nous pardonnons, mais en réalité la trajectoire de la pulsion est une balistique précise. Nous voulons la vie intense – c'est ainsi que je pourrais le traduire au plus près de notre langue. Et le curseur de cette intensité se décide très tôt, dans la petite enfance. Élevé dans les cris et la violence, il est probable que vous chercherez à retrouver la *tonalité* de cette violence, car elle est la matrice d'intensité dans laquelle on vous a transmis le mode d'emploi à la vie. Élevés dans la musique, vous êtes baignés dans une matrice de sons, si je puis dire, qui aura de fortes chances de faire retour sur vos premiers attachements, ceux qui vous font éprouver que vous êtes vivants.

Le diable se renforce de toute action qui le contre-carre, de toute pensée mobilisée pour le refouler, l'entraver, l'empêcher. Il corrompt ce qui entre en contact avec lui car sa séduction est infinie. Tâchez de le reléguer au rang des calamités, il resurgira en sauveur de l'humanité. De même, je pense, en sera-t-il avec l'écologie. Non pas qu'il ne faille rien faire, il est urgent de penser aux conditions de survie de notre planète, mais surtout à la misère qui plonge dans l'enfer une grande partie de l'humanité dont l'autre se détourne comme si elle n'existait pas – rayée du registre des vivants fréquentables, trop de culpabilité, de honte. D'indifférence aussi. Ils sont trop loin de nous. Mais il ne sert à rien de vouloir construire un monde meilleur en bannissant toute « pollution ». De même que la psyché se nourrit des ombres que nous refoulons dans les territoires dévastés où nous n'osons plus nous aventurer qu'en rêve, de même c'est en comprenant ce qui en nous produit de la pollution, du déchet, de l'invivable que peut-être ces mêmes déchets pourront un jour servir au cycle de la régénération. Nos ombres, nos « rebuts » ont, comme les spectres et autres fantômes, la fâcheuse manie d'insister pour revenir lorsqu'on les bannit loin de nous. Aucun placard fermé à clé, aucune cave sécurisée n'y suffit. Barbe-Bleue a de beaux jours devant lui.

Comment survivre à ce qui a si longtemps été inquestionné ? Nous sommes là dans les contrées de l'archaïque, celles que le diable aime arpenter en maître. Le diable, c'est vous : toutes les loyautés accumulées depuis tant de générations agissent plus encore que les conventions (avant on disait la « classe sociale »). Le diable n'aime rien tant que de prendre le temps de se rhabiller chez vous. D'emprunter votre costume et ainsi grimé d'aller parader à votre place partout où vous risquez vos pas. Le diable a l'intelligence de ne se montrer que sous vos traits, et de sourire, même s'il fait d'effroyables ravages derrière votre dos, juste là et avec ceux que vous auriez voulu le plus épargner. Le diable c'est vous en transparence, inversé dans le miroir, comme l'écriture de certains enfants de cinq-six ans aptes à écrire de droite à gauche en traçant indifféremment leur prénom à l'endroit ou à l'envers. L'inversion dans le miroir révèle une vérité fugitive, qui n'apparaît qu'à celui qui l'observe attentivement et s'efface ensuite pour laisser place à ce qui a le droit – à l'endroit – d'être vu.

Le diable aime les égards, c'est bien connu. Il fait comme les fées dans les contes, qui deviennent mauvaises quand elles ne sont pas invitées à la fête, il s'inspire de ce refus pour renforcer son emprise psychique. Tentez d'en finir avec une addiction par la volonté seule, diabolisez vos envies, marquez au fer vos frénésies et voyez ce qu'il vous en coûtera de labeur, de souffrances, pour qu'ensuite cela recommence dès que votre attention se sera détournée. Le refus n'est pas une option, le compromis serait pire. Il faut dialoguer avec les représentants des enfers et comme Virgile orienter la barque qui remonte des enfers vers la lumière sans cesser de regarder, d'entrer en correspondance avec les puissances d'« en bas ». La vraie logique thérapeutique, en ce sens, c'est la conversion. Entrevoir que c'est la même pulsion qui veut votre perte et qui vous fera vivre. Il faut changer de point de vue, se déplacer radicalement.

La technologie qui n'a pas d'états d'âme, comme chacun sait, est la meilleure alliée du diable. Parce qu'elle est efficace d'abord. Sachez exprimer votre désir : elle le résoudra. Rien n'est vraiment hors de portée. *Sex toys* à profusion, images en pagaille, sexe imaginaire ou pas, pouvoirs virtuels et drogues réelles, la panoplie est recyclée continuellement, nouveautés sans cesse disponibles. Vous allez voir... Vous voulez le romantisme en plus, les sentiments, le grand jeu. La technologie vous offrira le naturel (l'écologie *new age*), mais aussi la valse et le tango, Venise et le coup de foudre à volonté. Elle usera de la raison pour vous attacher mieux. Tout cela évidemment n'est pas si simple, les répétitions sont des *patterns*, des schèmes – reconduction terme à terme de la même équation. C'est une équivalence de rapport, comme les fractions. Nous voulons être intoxiqués d'amour mais ne pas souffrir, nous voulons la nature mais pas les intempéries, les crues ni les déserts, nous voulons aimer et désirer sans se fatiguer jamais, nous voulons l'intensité sans la douleur et la mélancolie sans le suicide. Et pourtant, il y a de la vérité en jeu, dans tout ça, et elle finit par réclamer son dû et souvent avec sa brutalité coutumière.

Le monde meilleur a pour représentation nos délires et nos rêves de pureté, de simplicité et de compréhension mutuelle. Rien n'est plus artificiel, plus difficile à construire. L'origine que nous convoquons dans nos jardins de fées et nos espaces verts protégés de toute contamination industrielle ressemble à ces ghettos de riches qui prolifèrent à l'ouest de nos capitales, avec gardiens zélés, chiens méchants et pelouses impeccables. On y vit heureux et entre soi, jamais dérangés, ou si peu, la rumeur lointaine du monde ne parvenant qu'à grand-peine jusqu'aux portes de ces désirables demeures. L'écologie pourrait bien terminer ainsi, si l'on n'y prend pas garde, entre deux tourelles hautes et derrière des barbelés, avec des indices de protection et des horizons sereins où une propreté inégalée n'admettrait aucun gène étranger, pas même hybride, pas même apporté par le vent. N'y voyez pas de défense du transgénique qui appauvrit la terre et la rend stérile, impliquant ainsi une économie de la dépendance qui me fait horreur, mais j'ai bien peur que tout ce qui s'avance masqué sous couvert de pureté, d'origine et de « traçabilité » soit pire...

Il pourrait en être ainsi même du champ psychique. À quand l'analyse « écologique » ? On voudrait des thérapies brèves et peu chères, sans effets secondaires et garantissant le bonheur à tout coup. Cette fois ce qui serait certifié d'origine (votre passé), une fois emballé dans un paquet acceptable par vous, serait recodé dans votre présent sous forme d'aptitude accélérée au bonheur (enfin), à la vie calme et amicale, et à l'efficacité (ne pas oublier ce que l'on doit au corps social) : l'efficacité retrouvée a son importance... c'est fou ce que la dépression nous fait perdre d'argent collectivement ! Des séances courtes donc, des histoires bien balancées, du coaching rondement mené dans un emploi du temps compliqué, rien qui ne dérange trop et surtout très peu d'effets indésirables, tout au plus un résultat insignifiant qui prouvera seulement l'indigence du psy ou l'indifférence du patient. Ou les deux. Des médicaments pour aider à faire passer le tout, et la dépression ne sera qu'un mauvais moment, vite passé, bientôt oublié. L'anesthésie deviendra un genre prisé. Plutôt vivre peu que mal vivre et ne rien ressentir que souffrir. À ce prix un monde meilleur vous est promis. Vous pouvez l'exiger. Et être remboursé s'il ne vous parvient pas dans les délais indiqués.

Le monde meilleur est à portée de main. Saisissons-le.

Bord de Seine

L'homme était très âgé, il montait lentement les étages, s'essoufflait. Chaque fois qu'elle lui ouvrait la porte, la psychanalyste avait envie de s'excuser d'habiter si haut, elle le gratifiait d'un sourire qu'un enfant aurait peut-être qualifié d'embêté s'il n'y avait eu aussitôt un geste de sa main pour l'assurer qu'il était véritablement le bienvenu. Le vieil homme restait long-temps silencieux. Effet des étages ? Prise de possession renouvelée du lieu par les yeux ? Étonnement de se retrouver là une fois encore... lui qui était si près de la mort, chose essentielle et futile s'il en est, disait-il, puisque, certes, elle est définitive mais on ne s'en sou-viendra pas. Puis il se mettait à raconter des versions chaque fois un peu différentes d'épisodes de sa vie qu'il lui relatait à toute vitesse, comme un film passé en accéléré, jusqu'à ce qu'elle lui dise un jour qu'il n'était pas obligé d'aller si vite, qu'on pouvait faire avec les morceaux manquants du puzzle, les zones d'ombres, les condensations, le mystère. Il en convint, et persista. C'étaient des récits colorés, amusants, délicats. Il ne restituait pas seulement son propre regard sur le passé mais traduisait celui de toute une génération, depuis son engagement aux Jeunesses communistes, puis la guerre très jeune comme informateur, la déportation, l'évasion (il y en avait eu deux) ensuite la politique, l'Algérie et la rupture avec toute politique (du moins sa représentation) le corps diplomatique (preuve que...) l'ennui, les livres – quelques essais sur l'économie – encore l'ennui et la vieillesse. Rien qui puisse laisser deviner dans ce trajet accidenté, certes, mais tellement vivant une quelconque disposition à la dépression. Mais rien sur l'enfance.

Quelqu'un qui vous dit qu'il s'ennuie n'est pas gravement névrosé. Ne peut pas l'être. La névrose cohabite mal, finalement, avec l'ennui et pas du tout avec l'humour. Quand on s'ennuie, on se laisse exister dans une zone « grise » encore indéfinie, où tout peut arriver finalement – indétermination dont la névrose a horreur et à laquelle elle opposera un emploi du temps sans ennui ni grisaille, un monde en blanc et noir. Quant à l'humour, c'est encore pire. L'humour vous rend capable d'une distance avec soi proche de la sagesse. Freud, quand on lui demandait de donner l'exemple de quelqu'un de « guéri », aimait donner en exemple la réponse de ce condamné à mort à qui l'on annonce sa pendaison le lendemain matin, un lundi : « Voilà une semaine qui commence mal... »

Qu'est-ce qui peut conduire un homme de quatre-vingt-un ans à commencer une analyse ? Il le disait d'une voix affectueuse : « Alors vous voyez, j'ai préféré venir consulter... » Pour lui, c'était une évidence qui découlait de son récit. Mais, pour la psychanalyste, cette évidence restait tout à fait mystérieuse. Les séances passaient, elle était impatiente maintenant de le voir revenir, les rôles doucement s'inversaient, elle attendait qu'il parle et fermait à demi ses yeux, transportée. N'essayait plus d'interpréter quoi que ce soit, elle se laissait porter et, quand le récit s'interrompait plus longtemps que de coutume, elle reprenait le fil en le questionnant sur un mot laissé en suspens, une image orpheline, un paysage pour lui en demander les contours, sachant qu'il décrirait non seulement les lieux minutieusement, mais l'atmosphère autour et ses propres pensées et la valeur du temps accordé au moment. Elle avait la même impression que lorsque son père venait le soir lui raconter d'interminables et merveilleuses histoires. Ce vieil homme l'étonnait et l'emmenait avec ses épisodes à tiroirs du côté de sa propre enfance à elle. Bref, elle était captivée. L'acuité de la mémoire de ce témoin du siècle rendait un son particulier, comme ces instruments d'époque qui vous font réentendre le baroque. Elle entendait un autre mai 68 du balcon d'un homme de plus de quarante ans que la guerre a éprouvé et qui pourtant se surprend à rêver que Paris s'embrase et que le gouvernement tombe, qu'un peu d'anarchie bouscule cette bourgeoisie déjà rassise des trente glorieuses et infiltre l'avenir.

Un jour, il lui dit qu'en fait il n'arrivait pas à lui parler, à elle pas plus qu'aux autres.

– Je suis muré, enfermé, tout ce que je vous raconte est si loin de là où je suis à présent, dans un enfer sans nom car j'ai perdu le sens de la vie.

Elle crut à une coquetterie, une manière de lui demander d'intervenir davantage au lieu de se laisser bercer comme une petite fille. Tout de même, s'il gravissait toutes ces marches chaque semaine, c'est qu'il attendait quelque chose de cette analyse...

– Vous allez croire que je vous provoque, ajouta-t-il aussitôt, que je me suis lassé de votre silence, mais pas du tout, c'est au contraire une des choses les plus douces qu'il m'ait été donné de vivre récemment. Seulement voilà je m'étonne de ce que même ici, avec la confiance que je vous porte et le désir avec lequel je suis venu de me confier, je sois toujours aussi éloigné de pouvoir dire ce pour quoi j'en suis là, perdu, immature, seul.

– Et si nous allions marcher ? proposa-t-elle spontanément.

Il était son dernier patient, et soudain il fallait qu'elle bouge, qu'elle parcoure avec lui un espace physique, pourquoi ? Rien dans le protocole analytique ne l'autorisait mais ne l'interdisait non plus.

– Volontiers.

Il accepta sa proposition comme si c'était, à cet instant, la chose la plus naturelle.

En enfilant son manteau, elle pensa à toutes les « promenades analytiques », ces trajets non fléchés où il s'était passé tant de choses, Freud avec Zweig, pas le temps de le voir avant son départ, Zweig le suppliait de lui accorder une demi-heure, et ils avaient marché tous deux le long d'un canal, Lacan avec plusieurs de ses patients, certaines dernières séances où il était raccompagné en voiture, en train, à pied, ces temps hors temps où tout semble se passer ailleurs. Le divan est là comme jamais sans doute, symboliquement, posé dans l'espace psychique, rivière coulant entre deux êtres les unissant, les séparant. Un peu comme ces trajets en voiture où l'on se parle d'autant plus qu'on ne se regarde pas, parole déliée du regard mais coulée dans un seul bloc d'espace devenu entièrement écho, le temps, le paysage défilant, et la distance permettant toutes les audaces de paroles.

Ils sortirent.

Au début, ils n'échangèrent rien de spécial. Ils descendirent vers la Seine, empruntèrent les escaliers de pierre, se retrouvèrent sur les quais, dans cet espace lui-même hors de la ville, si près de l'eau, parmi d'autres promeneurs à cette heure du début de soirée qui voit se mêler des gens pressés et des flâneurs, des hommes et des chiens, des âmes en peine et des agents de l'ordre public. Toute une faune qui aux abords de la nuit se retrouve là entre errance et précipitation sans rien à se dire, comme eux, comme s'il ne s'agissait que de ça depuis le début, aller quelque part, n'importe où.

– Vous allez me prendre pour un fou... toutes ces précautions pour ne vous dire que ça... c'est le contraire d'une révélation, un si pauvre secret. Mais il fallait peut-être sortir du cadre, bouleverser quelque chose, vous avez eu raison, et maintenant je me sens libre de vous parler.

Elle ne disait rien, l'écoutait venir. Pensait comment la notion de l'infini se présente en nous. Penser qu'il y a autant de chiffres pairs que de chiffres tout court. Énigmatique beauté. Il y avait ces petites lumières sur la Seine comme autant de fenêtres, les ponts des bateaux qui tanguaient doucement. Parce que ce dialogue, ce moment, étaient inédits dans son expérience d'analyste. Si maintenant elle devait se remémorer cela, il y aurait un lien, mystérieusement avec la mathématique des nombres, et la perception infime et vertigineuse de l'idée d'infini.

– J'ai aimé une femme il y a quarante-cinq ans, commença-t-il. Que j'ai perdue, ai-je cru, par bêtise, par arrogance. Maintenant que je suis un peu plus tendre envers moi, et moins orgueilleux aussi, je crois que tout simplement elle ne m'aimait pas assez. Et puis il y a des années, dans un colloque quelconque, j'étais sorti faire un tour dehors, je n'en pouvais plus de tous ces gens et j'ai vu une jeune femme isolée, qui fumait. Je lui ai demandé du feu, on a parlé. Je n'avais pas l'intention de la « brancher », comme on dit aujourd'hui, j'étais assez déprimé, aucun romantisme dans cette rencontre, la banalité absolue quoi, l'ennui qui vous fait faire un pas de côté. Pourquoi ? je ne sais pas. Trop d'ennui, oui. Et puis autre chose peut-être – ça me fait penser, je ne sais pas pourquoi, à l'enfer de Dante, lorsque Virgile se retrouve parmi les âmes errantes que personne ne pleure, ceux que personne n'a réclamés et qui n'ont, eux non plus, jamais imploré Dieu. Quel génie d'avoir pensé à faire de ces êtres une catégorie à part dans la déréliction : ceux qui n'ont demandé d'aide à personne et qui ne sont pleurés par personne. Dante dit qu'il préférerait même l'enfer pour eux à ce *no man's land* dans lequel ils se perdent, mais qu'en enfer ça ferait du grabuge, ils se prendraient pour quelqu'un – enfin bref, ma mémoire n'est pas très précise mais je me rappelle bien avoir été frappé par ce passage. Je n'ai pas tout lu, notez bien. Donc je lui ai offert du feu, peut-être étions-nous elle et moi dans ce genre d'espace intermédiaire où l'on ne manque à personne, qui sait ? Nous avons fini ensemble dans ma chambre, nous étions tous parqués dans l'un de ces hôtels prétentieux où se tiennent habituellement les colloques. Nous en sommes sortis vers cinq heures du matin pour aller marcher dans la ville, on était heureux comme des collégiens.

— L'enfer de Dante... ça s'est donc si mal fini ?

Elle pensa qu'ils avaient marché comme eux en ce moment, que marcher à l'aube ou le soir dans une ville c'est un peu faire l'expérience d'un *no man's land*, d'une traversée non familière de lieux pourtant connus – et que c'était bien ainsi.

– Oui, non. Je ne sais pas. On s'est revus, beaucoup, intensément. Enfin vous avez déjà compris j'imagine qu'elle était la fille de mon premier amour et moi je ne le savais pas. Un autre nom, un autre prénom, une vague ressemblance, mais plutôt de celles qui vous font craquer et non douter.

– Le répit fut de courte durée. Très vite j'ai eu un doute.

– Le doute ?

– Qu'elle soit ma propre fille. Une chance sur cent mais imaginez... Je ne vais pas vous faire toute la chronologie mais c'était envisageable, et dès lors j'ai torpillé cette histoire comme j'avais bousillé la première.

– Comment ?

– Un prétexte idiot, que j'avais d'autres maîtresses, que j'étais un vieux cynique fatigué, la différence d'âge. Tout était faux, sauf pour l'âge. C'était une position intenable. Mais toute ma vie est intenable.

– Intenable ?

– Relisez *L'Enfer*, insista-t-il.

– N'est-il pas au contraire envisageable que tout ce qui aurait pu vous faire basculer du côté de l'amour, avec le désir d'engagement que l'amour soutient, vous ait été interdit ?

– Que ça m'ait été interdit, mais au nom de quoi ? et par qui ?... Je ne sais pas. Cette histoire, ça a dû arriver cent fois, n'est-ce pas ?

– Avez-vous lu ce très beau roman de Theodor Fontane, le Flaubert allemand, *Effi Briest* ? Il met en scène une histoire d'âme errante et d'amour, vous allez voir... Un homme amoureux d'une femme finit par épouser sa fille. Il a vingt ans de plus qu'elle et l'emmène dans une ville de garnison. Il l'aime comme il faut, lui fait une fille et elle, passionnée, elle qui ne sait rien de la vie, enregistre simplement de très minuscules sensations d'âme et de corps, des minuscules peurs sur lesquelles elle ne peut mettre aucun mot. Puis elle se trouve séduite par un commandant de passage – que le mari tuera dix ans plus tard quand il découvrira leurs lettres. La liaison avec l'officier ne dure que quelques jours, liaison sur laquelle Theodor Fontane ne s'étend pas, presque comme si c'était un détail de l'histoire. Il ne la décrit pas. Il met en scène, comme le fait si souvent Shakespeare, un rendez-vous manqué, où le drame intervient comme figure d'un après-coup absurde. Car c'est dix ans plus tard, par inadvertance, que le mari découvre les lettres, il se croit obligé de convoquer l'officier en duel. Il le tue, divorce de sa femme, et la sépare de leur fille. Effi Briest termine ses jours malheureuse, seule et tuberculeuse. Et son mari aussi, qui l'aimait, elle, en réalité. C'est un roman sur l'aveuglement et la bêtise de l'orgueil, mais aussi, très secrètement, sur les « effets miroirs ». Vouloir épouser la mère et épouser la fille, le malentendu est déjà là, posé, existentiel, c'est l'une à la place de l'autre et cet « échange » va altérer tous les autres rapports, dont celui, crucial, à la vérité. Vous avez compris pourquoi je pense à vous. La vérité du désir se traduit dans le corps, en particulier celui des enfants. Ce roman parle des effets miroirs de la jalousie : le mari se croit obligé de provoquer en duel l'amant dix ans plus tard et lui, l'amant, d'y répondre, de s'y rendre et de mourir. C'est l'espace purement nominatif et réverbéré du lien social qui est si férocement mis en abîme dans ce roman, comme a su si bien le faire Flaubert. Le code de l'honneur est un code ancestral qui masque une tout autre affaire : le fait que le mari d'Effi l'avait épousée à la place de sa mère et qu'il réglait ainsi, sur une autre scène, cette méprise-là. Et le faisait payer au centuple à leur fille....

– Vous voyez bien que je suis coupable...

– Si je vous parle de ce livre, c'est seulement pour vous montrer que l'on ne peut pas tout réparer, que cette jeune femme que vous avez aimée tentait peut-être elle aussi de réparer autre chose en vous aimant.

– ... Pourquoi n'ai-je pu vous en parler avant, alors que de la guerre et de ses horreurs oui, de la pauvreté de la mère, de l'illettrisme de ma famille, de la guerre d'Algérie, la honte, tout ça. Mais cette histoire banale, non, impossible. Il aura fallu que vous m'invitiez à venir marcher près de vous au bord de l'eau, et même ici encore cela m'est très difficile... il observait le léger tangage des péniches en bord de quai – ... c'est ici qu'une femme s'est noyée le mois dernier. Apparemment elle était ivre. La passerelle est étroite. J'ai toujours rêvé d'habiter sur l'une de ces péniches, vous ne dites plus rien... mais pourquoi est-ce si douloureux pour moi d'en parler. Je crois que j'avais enfermé le souvenir de cet horrible après-midi où elle...

Il y eut un silence.

– J'ai tué cette femme. Par accident...

Un nouveau silence, palpable cette fois tant la tristesse était soudain verticale.

– ... Je l'ai emmenée nager trop loin. Il y avait des courants. Je l'ai soutenue et puis j'ai perdu mes forces moi aussi. Je me suis retrouvé sur la plage, je ne sais pas encore par quel miracle. Elle a dérivé pendant plusieurs jours, et puis on a retrouvé son corps. Il n'y a pas eu d'enquête, aucune question. Il y avait du mistral, de mauvaises conditions. Un véliplanchiste a failli lui aussi se noyer. On m'a consolé et laissé partir. Je n'ai pas osé appeler sa mère. Je ne pouvais pas l'affronter, vous comprenez... pas après toutes ces années. Personne n'a tenté de me joindre, de savoir qui j'étais. Ou peut-être le savaient-ils...

– Vous vous pensez coupable de sa mort.

– Je ne me pense pas coupable, je le suis. Il y a deux ou trois choses dans la vie dont on est sûr, celle-ci en fait partie. Elle était déjà fatiguée, je l'ai convaincue de retourner nager, il y avait de la mer et du vent, elle m'a suivi. Je vis avec cette image d'elle prise dans les vagues, sans répit, jour et nuit. Un pur et simple assassinat, enfin appelez ça comme vous voulez. On ne va pas jouer avec les mots. Je savais qu'elle allait me quitter, trop jeune, trop de différence d'âge, elle voulait des enfants, etc. C'est accablant.

– À quoi ça vous sert ?

– Comment ?

– Oui, à quoi cela vous sert-il de vous rendre coupable : persister à vous croire tout-puissant ? vous empêcher de vivre une bonne fois pour toutes ? Imaginer que tout aurait pu être autrement et ne jamais être quitte ?

– Vous insinuez que mon remords, ma honte, appelez cela comme vous voulez, pourrait me rapporter quelque chose ?

– C'est tellement tentant d'échapper à la vie, d'avoir la chose bouclée, le territoire enfermé, par-devers soi. Plus d'histoire, plus d'issue, plus de temps. Tout est compté, ressassé, plus d'avenir. Vous vous pensez assassin. Si vous l'étiez, jamais vous ne raconteriez l'histoire de cette manière, car vous *sauriez*.

– Mais, précisément, je le sais.

– Le coupable revient toujours sur les lieux du crime, mais pas ainsi. Vous cherchez dans l'analyse une brèche pour ne pas mourir au cachot, pour que du temps ouvert apparaisse, mais vous le redoutez infiniment.

146

– Vous croyez parvenir à me dédouaner d'un crime pareil ?

– Vous dédouaner non, je ne suis pas de taille à lutter seule contre votre juge intérieur, ou ce qui vous tient lieu de conscience.

Ils étaient parvenus au bout du quai. Les lumières autour faisaient apparaître le fleuve plus noir qu'il n'était, et les immeubles sur l'autre rive, presque factices, en carton-pâte.

Mais pourquoi, en effet, voulait-elle tellement qu'il ne soit pas coupable ? S'il chérissait cette réalité depuis tant d'années, c'est qu'elle lui était sans doute nécessaire, autant que se nourrir ou dormir. Et puis s'il l'avait réellement entraînée trop loin, sciemment ? Non, elle ne croyait pas à cette culpabilité-là, trop évidente. Mais à une autre peut-être. À un lien incestueux qui n'aurait jamais pu se délivrer. Les histoires incestueuses forment ce genre de trame, fermées à double tour dans des boîtes noires. Il avait aimé la mère avant de tomber amoureux de la fille. Il n'était pas coupable d'être son père, il ne l'avait jamais connue avant. Mais peut-être y avait-il, hors mémoire mais dormant là, entre les générations, des histoires d'incestes qui cherchaient à se dire ? Ainsi va le sacrifice, il cherche à faire sortir le trauma passé de son effacement, d'un oubli qui empoisonne au passage des générations entières. C'est l'histoire des Atrides sans cesse recommencée.

Quand on porte en soi, dans les générations précédentes, de la violence, il arrive qu'on en voie les effets de translation pendant un temps infini, comme si la boucle n'allait jamais pouvoir se clore, que le pardon n'était d'aucun effet et le souvenir, encore moins. Il faut alors aller parfois du côté des archives. C'est ce

147

que la psychanalyste, lorsqu'ils se quittèrent, sur les quais, suggéra au vieil homme. Allez donc aux archives, regardez l'histoire de votre famille et l'incidence des guerres.

Il revient en séance comme si de rien n'était, avec ses histoires et ses anecdotes savoureuses. Il semblait rasséréné. Elle ne savait trop à quoi attribuer cette éclaircie, cette légèreté nouvelle, en lui. Était-ce la conséquence de cet écart dans le cadre des séances, de leur promenade sur les quais qui lui avait permis de parler de sa culpabilité, ou autre chose ?

Un mois plus tard, il lui annonça qu'il n'avait rien trouvé aux archives, mais qu'il avait quand même poursuivi sa recherche. Et là, en consultant les papiers déposés chez le notaire de la famille, oubliés sans doute, jamais réclamés depuis cinquante ans, il avait fait une découverte troublante. Il y avait eu une première noyée. Elle était la sœur de sa grand-mère. Elle avait été retrouvée dans la Seine et avec son amant un matin de décembre 1907. L'identité de l'amant n'était pas précisée dans le rapport d'enquête. La psychanalyste lui demanda si ce suicide ne lui avait jamais été mentionné. Pas à sa connaissance, répondit-il. Sa grand-mère, officiellement, n'évoquait jamais sa sœur. Mais elle avait éduqué sa petite nièce qui avait cinq ans au moment du drame.

« On l'appelait Miguette, et je l'adorais. Elle était un peu simplette, vous savez, sans doute la dirait-on schizophrène aujourd'hui. Elle a vécu toute sa vie avec ma grand-mère. On savait seulement que sa mère était morte très jeune. » Il lui dit qu'elle devait être une sorcière pour avoir deviné ainsi que la Seine charriait dans ses remous quelque chose de son histoire à lui, occulté, étrangement noué à sa culpabilité d'avoir survécu à la

148

noyade. Il n'y avait pas d'explication, pas de répétition franche, pas d'aveux ni de coupable. Seulement le temps avait clos la boucle, d'une génération à l'autre, et autour du secret d'une morte noyée, amoureuse, peut-être fille mère, coupable d'adultère, en fuite qui sait ? l'ombre portée de sa propre histoire d'amour.

Il nous est difficile de croire que nous sommes partie prenante, dans notre corps, notre désir, notre prénom, dans les boucles de notre histoire, dépositaire d'une mémoire des générations antérieures qui ne cesse, d'une certaine manière, de vouloir « se dire », remonter au grand jour, trouver en nous une possible traduction. La sœur noyée disparue de la généalogie de cet homme, effacée, avait refait surface sous les traits d'une jeune femme aimée, puis perdue – qu'il n'avait pu sauver. Notre compulsion à répéter, disait Dolto, est aussi une compulsion à réparer. Nous sommes faits de l'entrelacement de ces deux forces : celle qui légitime le passé en le dupliquant et celle qui réouvre des champs de vie en tentant de réparer les zones les plus dévastées en nous, les plus refoulées, interdites.

L'insomnie

L'insomnie appartient de droit à l'amour. Mais aussi à ces territoires que nous fuyons le jour pour, la nuit, y trouver refuge – au risque d'être pris de vertige devant l'inconnu qui se découvre à nous.

Il est trois heures du matin, vous ne vous rendormirez pas, vous le savez d'instinct ; en une seconde réapparaît tout ce que vous cherchiez à éviter. Un trouble vous saisit, plus inquiétant que le doute, l'anxiété, le regret. « L'insomnie est faite de la conscience que cela ne finira jamais », dit le philosophe Emmanuel Lévinas. La vision que vous avez des événements, des êtres, des paroles de la veille se déforme et c'est l'inaccompli qui vous saute à la gorge, c'est la stupeur d'un état sans oubli, l'insistance de souvenirs inutiles. Au voisinage du sommeil avec la mort, la nuit insomniaque est une maison hantée qui n'offre à ses hôtes aucun refuge.

« Jamais, pourtant, jamais l'âme ne dort [1] », rappelle J.-L. Nancy, car l'insomnie est à la pensée infiniment précieuse, elle est même un état de conscience suprême, et le philosophe se compare volontiers à une sentinelle

---

1. J.-Luc Nancy, *Tombe de sommeil*, Galilée, 2007.

aux aguets à l'heure où les autres dorment. Il va débusquer la vérité du côté de l'étonnement et de l'inquiétude, quand « l'âme dans son rapport à elle-même, écrit Kierkegaard, découvre l'éternité ». Au sommeil des justes, le penseur préfère le qui-vive de l'insomnie. C'est dans la nuit que tous nos sens s'aiguisent. « Ne perçois-tu pas comme de manière intime, effrayante, cordiale, elle te parle, la vieille, la profonde mi-nuit ? » écrit Nietzsche, c'est là que s'exerce la plus haute pensée. « Il faut au philosophe une double ouïe et les oreilles les plus subtiles (...). Il faut apprendre à voir, habituer l'œil au calme, à la patience, à laisser venir les choses à lui (...) ; il faut apprendre à penser comme on apprend à danser. »

Mais que veille-t-elle, cette âme inquiète pour ne pas pouvoir s'abandonner au repos ? Quel désir au-delà du désir se rappelle ainsi à elle ? Soudain vous êtes éveillés en pleine nuit, pour rien. Pas envie de lire ni de faire l'amour, et plus vous cherchez la manne réparatrice du sommeil, plus elle semble se détacher de vous. Vous avez peur comme des écoliers d'être épuisés demain alors que vous êtes seulement dans la fatigue de vivre. Peu d'insomnies en temps de guerre ou dans les affres de la passion (des nuits blanches, oui), ni dans l'extrême tristesse d'un deuil ou d'une épreuve, non l'insomnie appartient plutôt à l'entre-vie, ces moments où l'on n'habite pas sa propre existence sans pouvoir pour autant se déprendre du « souci de soi ». Est-ce le souvenir d'une terreur ancienne ? Là, seul dans la nuit, je retrouve ce face-à-face dont tout, dans la vie quotidienne, me détourne. Et si l'insomnie était désirable ? Dans le mythe de la caverne de Platon, celui qui se retourne vers les images projetées sur la paroi pour comprendre d'où vient la vraie lumière doit affronter le sarcasme des autres et sortir seul. L'insomnie est faite de cette solitude : c'est notre veille d'être vivant, loin de ces loyautés multiples auxquelles nous obéissons depuis l'enfance.

L'hospitalité à l'insomnie nous donne accès, comme l'écoute analytique, à une autre solitude, ni accablante ni coupable. Quelque chose alors s'ouvre... Car si la nuit est la terre de nos peurs, elle est aussi cette inépuisable réserve d'idées, de rêves, d'inventions que de manière inattendue l'insomnie nous fait parcourir à rebours. Consentir à l'insomnie ; l'espace intérieur est à ce prix. L'amour peut-être aussi.

La ville comme territoire amoureux

La ville est un territoire amoureux. On met longtemps à s'en rendre compte. D'abord on s'y promène
en toute quiétude, avec vos lieux favoris, les endroits à
éviter, les quartiers peu animés, bref tout un réseau intériorisé de rues et de souvenirs feuilletés depuis l'enfance
et l'adolescence, jusqu'à présent là où vous êtes.

Et puis tout à coup celui que vous aimez vous quitte.
Et, soudain, le quartier tant aimé vous devient insupportable, vous ne pouvez franchir la limite de telle rue,
ce bar où vous vous attardiez ensemble devient le lieu
haïssable dont plus jamais vous ne franchirez le seuil.
Vous donnez vos rendez-vous en des lieux les plus éloi-
gnés possible de cet cercle tracé à la craie noire des
amours saccagées.

À partir du chagrin d'amour, ce sont des pans entiers
de la ville qui se trouvent proscrits, subitement interdits. Il faut faire des détours incroyables pour ne pas
approcher la « zone » avec cette ambivalence qui s'inscrit longtemps, où l'on ne craint rien tant que de rencontrer l'aimé mais où on le souhaite avec la même
force. L'espace est un marqueur psychique privilégié.
Il ne manque que d'observer la manière dont on rêve
avec obstination de lieux qui nous ont marqués, enfants

ou que nous avons habités plus tard, certains lieux ont une prégnance psychique quasi indélébile, comme si on leur avait délégué la plus grande part de nous-mêmes.

La première métaphore de la psyché est spatiale. Les deux événements qui président à la vie humaine restent impensés, la naissance et la mort. La vie s'écoule dans ce territoire qui commence et s'achève entre ces deux événements. L'espace est notre métaphore première. Parce que nous sommes au monde dans une solitude qui a pour premier refuge l'espace, peau maternelle, odeur, bras, couffin, chambre, cet espace va s'élargissant en cercles concentriques jusqu'à envisager l'infini, l'espace absolu avec en creux, jamais vu au-devant de nous, sauf dans le miroir, notre propre silhouette. Se pourrait-il qu'il en soit de même psychiquement, que cet espace vide projeté intérieurement (le moi) sur l'espace au-dehors puisse acquérir dans le réel une autonomie qui lui est propre ?

Dans cette impermanence de toute chose, on se déplace en se recréant des abris dans la ville, en y cherchant refuge comme enfant, avant l'orage. Les rêves nous transmettent ce savoir des lieux, tous ceux qui nous ont bouleversés, traversés acquièrent en rêve une singulière importance, une force certaine. Notre fidélité ou infidélité aux lieux dit la manière dont nous habitons le réel et la vie. Presque davantage que notre relation aux êtres aimés. Les quartiers d'une ville ont ce même pouvoir. Chaque espace enregistré par nous a une capacité de résonance qui, au gré de nos empreintes affectives, retracera dans l'espace urbain la cartographie intime de nos attachements.

Quand une ville est traversée par un fleuve, elle nous rappelle qu'aucune de nos constructions les plus magnifiques ne résistera en dernier lieu à l'élément libre : l'eau, l'air, la terre, dans leur sauvagerie. Certes habituellement ils sont apprivoisés, *tamed*, comme on dit en anglais, mais crues, orages et séismes peuvent se réveiller et détruire nos abris les mieux construits. L'impermanence de l'eau pourrait être le reflet de notre psyché, les eaux dormantes du soi ou de l'inconscient qui guide et soutient les identifications plus ou moins fragiles de notre moi. Il y a dans ce rapport de la pierre et l'eau à l'intérieur de certaines villes un espace très particulier qui fait de ces bords de fleuve des lieux de non-droit, des zones d'inventions secrètes et vivaces. Ces berges sont en partie « hors la ville » comme aux alentours de notre conscience, dans les marges, là où on devient amoureux et qu'on se découvre capable de n'importe quoi. Les berges du Tibre à Rome ou de la Garonne à Toulouse étaient jusqu'à très récemment ainsi des espaces de semi-liberté, de quasi-friches plus ou moins autorisées où l'on pouvait flâner et se perdre. Lorsqu'une ville apprivoise entièrement ses berges elle est, qui sait ?, peut être poétiquement perdue. Gagnée à la loi l'ordre et la beauté. Le désordre des berges est important comme l'est le bord de notre être au monde, de ces états de veille entre sommeil et conscience. Pour cela, il faut que la réalité s'y prête – rencontre, deuil, guerre – et nous déporte suffisamment de notre centre de gravité, de notre « quartier » d'origine pour nous dépayser définitivement.

Dépaysements

Une ville, on en part un jour. Pour changer d'horizon, rompre avec les habitudes, aller voir ailleurs. La routine nous lasse, la chaleur nous donne envie de déserter ces allées trop fréquentées pour s'échapper un peu, prendre le large. Descartes nous disait qu'on pouvait trouver le monde entier auprès d'un poêle, dans une chambre. Tout est là, certes, et nul besoin d'ailleurs pour y trouver le monde. Il suffit d'être attentif, d'être « à soi ». Oui, mais Descartes qui, le premier, fut un grand voyageur, bretteur, duelliste, a pris des risques, franchi des frontières illicites, s'est risqué dans des territoires interdits, ce n'est que tard dans sa vie qu'il s'est enfermé dans une chambre. Socrate va trouver la Pythie, il fait ce long chemin tout à fait physique, difficile, fatigant, pour s'entendre dire : « Connais-toi toi-même. » Et s'il fallait aller très loin pour pouvoir se risquer au plus près de soi ? Nous sommes des êtres fragmentés, un feuilletage qu'une unité fragile et toujours renouvelée voudrait résumer en disant « je ». Mais ce je, comment saura-t-il qui le compose, ce qu'il aime, ce qu'il désire, s'il ne se risque pas hors de lui-même pour, enfin, après revenir à soi ? Le dépaysement est l'image de ce trajet peut-être essentiel qui voudrait qu'on se perde pour se trouver. Nombre de textes de sagesse font état de cette nécessaire déprise : « quittez tout et suivez-moi » ou bien encore : « il faut se perdre », et c'est alors l'errance du Petit Poucet qui vous sauve. Autre grand voyageur, saint Augustin parcourut le Moyen-Orient, une partie de l'Afrique, de la Grèce et de l'Italie pour finalement envisager la Cité de Dieu ici-bas, parmi les hommes au cœur du cœur de la raison. Wittgenstein enfin (mais la liste serait si longue de ces voyageurs à l'étrange fixité) alla jusqu'au front russe faire la guerre, pour revenir être aide-soignant dans un hôpital anglais alors que son cours à Cambridge était renommé, qu'allait-il chercher ? Que faire d'un trop proche ailleurs, de son inquiétante étrangeté ? Car c'est le monde, quelque fragment de réel pur qu'on rencontre, tel Don Quichotte, dans ce voyage sans retour. On ne revient jamais de voyage, d'aucun voyage. Quand on part, on ne revient pas le même, et c'est ce dépaysement, parce qu'il fait écho à nos fragmentations intérieures, qui brutalise nos accoutumances, tant il est vrai que nous percevons le monde avec des préenregistrements continuellement tamisés par ce que nous pensons déjà, savons déjà, anticipons, devinons, pressentons, pour ne pas être attrapés trop brusquement par l'inouï. Ainsi va l'amour quand il est de foudre. Il offre tous les dépaysements possibles au détour de la rue d'à côté.

Une question d'hospitalité

L'hospitalité avant d'être une pensée est un acte. Un pur événement. *Entre et sois le bienvenu, toi que je ne connais pas.* L'hospitalité, comme le pardon, comme l'amour, s'adresse inconditionnellement. Elle décrit, plus qu'une figure, un espace où cet acte d'invitation peut avoir lieu. Cet espace, je crois, est le lieu même de la pensée.

Penser, c'est accueillir l'autre originairement en soi. L'autre comme possibilité même d'être soi. Acte de rencontre et de reconnaissance, elle nécessite au moins deux personnes et un espace où avoir lieu. Si l'hospitalité dans son essence est inconditionnelle, de fait toute société humaine l'hospitalité est réglée par des lois. C'est cette tension irrésolue entre hospitalité inconditionnelle et les conditions données à l'acte d'hospitalité que la philosophie peut nous aider à penser.

Pourquoi la loi d'inconditionnelle hospitalité apparaît-elle dans les sociétés primitives, depuis les tablettes mésopotamiennes jusqu'en Grèce ancienne mais également en Chine et dans les cultures préincaïques ? Sans doute parce qu'elle est l'une des lois fondatrices de toute civilisation, avec celle de l'interdit de l'inceste.

Cette loi immémoriale nous rappelle la condition première, exilique, de l'humanité. Les premières sociétés humaines sont nomades, l'homme est un être déplacé, précarisé dès le départ. La sédentarité et l'édification des villes sont venues ensuite, tardivement. La règle d'hospitalité inconditionnelle constitue peut-être ce rappel très concret, très impératif et immédiat du fait que celui qui reçoit peut à son tour, du jour au lendemain, être jeté sur la route et avoir besoin d'asile. C'est sans doute ce que traduit également la racine latine du mot hospitalité : *hostis* qui signifie à la fois l'hôte (invité et invitant) et l'ennemi.

Ainsi l'hospitalité et l'hostilité ont une racine commune dans la langue. Quand on parle de la règle d'hospitalité primitive, il ne s'agit pas de condescendance. Donner du pain au mendiant n'est pas lui offrir l'hospitalité. Telle était la règle : que l'étranger soit reçu comme un roi. Dans cette inscription primitive, un peu comme lors du carnaval, le gueux peut se prévaloir d'être maître. En ce sens, l'hospitalité est le premier acte politique.

L'*hostis*, l'hôte, est de ce fait toujours aussi potentiellement un ennemi. Derrida avait inventé un néologisme *hosti-pitalité*. L'étranger excite le fantasme de celui qui vient vous déposséder dans votre propre maison, qui vous séduit et prend vos biens. C'est pourquoi Derrida articulait la question de l'hospitalité inconditionnelle à celle du parricide : le père étant l'hôte de la maison, l'étranger, à partir du moment où la porte lui est ouverte, a tous les droits y compris de prendre la place du maître de maison (beaucoup de craintes dans la question actuelle de l'immigration clandestine sont liées à ce fantasme). Mais l'hospitalité inconditionnelle est une obligation d'accueillir l'autre sans rien lui demander, ni son identité, ni d'où il vient, ni où il habite. Derrida montre bien que cette loi d'hospitalité inconditionnelle ne peut pas être appliquée politiquement car elle serait absolument subversive. Aucune économie ne peut s'y fonder puisque l'hospitalité inconditionnelle remet en question très radicalement les règles du lien social conçu sur l'échange et la réciprocité, c'est-à-dire sur une certaine symétrie : « Je t'invite et, en échange, tu m'offres au moins ton identité et ton lieu d'origine – ensuite, voyons ce que nous avons intérêt à échanger d'autre. »

La société économique occidentale fondée sur l'échange va ainsi s'attacher à organiser les règles de l'hospitalité. Tous les lieux publics qui essaiment en Europe à partir du XIVe siècle (églises, hôpitaux) vont commencer à penser les règles de l'hospitalité. Qu'est-ce qui au minimum sera demandé à un mendiant, à un passant, à un réfugié, à un blessé ? C'est ainsi que cette effraction de l'autre « chez soi » idéalement pensée dans l'hospitalité inconditionnelle va conditionner les règles de l'hospitalité : à qui va-t-on ouvrir la porte et selon quel scénario ? Comment celui qui accueille l'étranger va-t-il pouvoir se garantir et se protéger contre la violence éventuelle du nouveau venu ? Ces questions animeront la réflexion morale de Kant mais aussi celle de Diderot et des Encyclopédistes. À l'heure des grandes conquêtes coloniales, quelle hospitalité offrir au « sauvage », à celui venu avec ses codes, sa culture ; de quel droit lui demander d'y renoncer et d'adopter nos coutumes ? Quand la loi d'hospitalité inconditionnelle devient un code civil avec des règles, des droits et des devoirs, c'est un espace commun que l'on constitue. Mais demander à l'autre de venir vers vous

dans un espace commun est déjà une forme de vio[...]
Est-ce encore de l'hospitalité ? Il s'agit de pen[...]
effets de cette « violence », et là se pose la quest[...]
l'espace pensé comme œuvre commune, humaine, mais
aussi comme architecture et langage. Pour prendre
l'image de la maison, il faut des murs pour constituer
un espace contenant (de soi et de l'autre) et en même
temps des points de passage (portes, fenêtres) entre le
dedans et le dehors pour pouvoir y circuler et y penser
les conditions de la reconnaissance, la violence étant
souvent le résultat d'un effet de non-reconnaissance.
Quelqu'un qui serait invité nommément dans un espace
où il n'y a aucun point de reconnaissance (ni langue,
ni identité, ni aucun code) peut de fait être tenté de faire
violence à cet espace, car là où il a cru être accueilli,
en réalité violence lui est faite. L'hospitalité n'est pas
une mise en demeure.

Hannah Arendt dit avec justesse que les personnes
déplacées, exilées, ont deux nostalgies en commun :
leur langue et leur mort. Étant elle-même exilée, elle
ne se reconnaissait plus allemande que par la langue,
car ses morts avaient disparu sans même être nommés,
sans sépulture. La question de langue est aussi celle de
la censure. Jusqu'où va-t-on laisser l'étranger pénétrer
chez soi, à quelles promesses va-t-on conditionner son
accueil, comment délimiter les seuils – ce qui est visible
et invisible, dicible et indicible ?

La question de l'amour est celle de l'hospitalité
inconditionnelle.

Le pacte analytique

Pour nous protéger de l'effraction du réel, on se crée des rituels. C'est sans doute la première et la plus forte protection contre l'effraction du dehors que connaisse l'être humain. Un jour, le noir apparaît au petit enfant comme « noir ». Avant, il l'enveloppait, il dessinait son corps, il était à la fois en lui et hors de lui. Brusquement il le « voit ». Ça ne lui appartient plus, ça risque d'entrer en lui, de l'envahir, il demande une veilleuse, une histoire puis encore une autre, il demande qu'on place entre lui et ce noir une parole, qu'on allume dans le couloir, qu'on le retienne encore un peu loin de lui. Il demande qu'on lui donne le temps de s'apprivoiser la nuit. Alors il va s'inventer un rituel, un petit tour de magie pour faire avec cette terreur, un doudou très doux contre son cou, une musique qui le bercera, quelques mots chuchotés à l'oreille, quelque chose qu'il se répètera ou qu'il mâchouillera ou qu'il bordera contre lui, pour que cesse la peur, qu'elle s'écarte un peu de son corps, de ses draps de son lit, qu'elle regagne le dehors tout enveloppé de nuit. Ce rapport à la terreur est aussi archaïque que nous-même, il fait partie de notre « moi » comme ses confins, comme les cartographies très anciennes de la terre et les *terrae incognitae* qui la bordaient de toutes parts.

Dans l'analyse aussi, ce moment arrive, immanquablement. Penser que l'on accorde ainsi sa confiance à un parfait inconnu juste parce qu'on a décidé de faire une analyse est vue de l'esprit, ou une incroyable naïveté. C'est en tout cas mal connaître les capacités de notre maître intérieur à régner sans partage sur son territoire sans laisser un ou une autre régenter avec lui le domaine. Et même si l'analyste montre patte blanche, signifiant au surmoi : « je ne vous ferai pas de mal », « je ne veux que vous aider » cela est pire encore, plus suspect aussi. Alors, au départ il y a collaboration, certes. Et ledit patient parle, se raconte, pleure, remonte un peu à son enfance, fait des liens inattendus, écoute aussi, est surpris. Bref, dans le meilleur des cas, il se passe un peu quelque chose. Mais rien de bien méchant, beaucoup moins dangereux, bouleversant, troublant que de haïr quelqu'un, ou de tomber amoureux, ou d'être quitté, ou d'avoir à faire un deuil. Mettons que cela continue, insiste. La méfiance alors s'installe, le noir commence à devenir noir, à prendre corps enfin. Et vient ce moment où tout à coup l'enfant-dans-le-patient s'aperçoit que dehors il fait nuit et qu'on lui demande de s'endormir tout seul, de rester tranquillement dans sa chambre et sans déranger ses parents, de fermer les yeux et ne pas avoir peur que ce noir ne s'abatte sur lui. Autrement dit, soudain il se rend compte qu'il rêve, que quelqu'un en chair et en os est là, recueille ses pensées, intervient sur les choses les plus intimes de sa vie, de son passé, de son futur aussi. Il voit le noir devenir noir. Je veux dire pas le négatif, non, juste l'étrangeté.

Il n'est pas normal ni habituel d'être dans le noir, et cela devrait être si simple. L'envie de pleurer, d'appeler, vient. Mais ce sont d'autres pleurs qu'avant.

Ce n'est plus de la plainte habituelle, c'est du chagrin, le vrai chagrin, c'est un véritable appel, il y va de la vie même... C'est alors que le pacte se fait, ou non. C'est là que parfois, rarement, une analyse, vraiment commence.

C'est un étrange rituel qui se met en place, alors, contre la terreur. L'analyste est convoqué à la place du lapin magique, de l'ours aux oreilles déchirées, du chuchotis dans la pénombre, de l'image sur le mur fixée jusqu'à ce que les yeux se ferment, mi-personne, mi-animal totem, mi-mantra, mi-talisman, il entre dans cette ronde où il passe du côté de l'enfance. D'un coup fait alliance avec le rêveur, le tout-petit qui a peur, l'éperdu, l'amoureux, le suffoqué de chagrin, il passe tout entier de son côté comme une arme contre les fantômes.

Le pacte analytique est une langue secrète qui jamais ne s'échange, ce n'est pas un serment, ni une promesse, on ne peut s'en dédire, cela se fait ou non, cela a lieu ou non, ni l'un ni l'autre ne peut le décider, c'est le génie de ce lien qu'on appelle « transfert », son génie propre, oui, qui en décide. Et ça déborde l'analyste autant que le patient. Tous deux plongés dans l'obscurité. À tâtons, cherchant quelques repères comme Don Quichotte et Sancho Pança dans la folie ordinaire des temps. Accueillir le nouveau, l'inédit, est terrorisant pour la psyché, car nul pas n'est plus assuré. On ne dispose d'aucune carte, aucun contour préétabli, aucune lecture remâchée, aucun mode d'emploi. Il faut être deux. En fait, il faudrait, pour être juste, dire que l'on est trois. L'enfant, le passeur du noir et le noir lui-même, de quelque nom qu'on l'affuble. Dieu, mystère, réel ou objet *a*. Qu'importe, il s'agit de croiser pour atteindre l'autre rive et trouver un gué. L'autre rive signant notre destination de mortel, il s'agit aussi de rester quelque temps dans le fleuve sans être emporté par le courant. Le pacte est-il par essence de l'amour ? Je le crois, mais alors il faudrait donner à l'amour de transfert, comme l'a nommé Freud génialement le premier, un sens très vaste et magique à la fois. D'une force inaltérable, capable de déplacer des montagnes (nos peurs, nos illusions, nos fidélités). On construit des digues si hautes pour tenir à distance la nuit, pour ne plus avoir peur, on s'imagine des abris intangibles, on se voudrait si raisonnable et il n'y a pas assez de mots pour la banalité de notre ennui, de notre faim, de notre désespoir, de notre pauvreté, de notre effarement.

Je t'embrasse, dit-on. Ne m'oublie pas, dit-on. Attends-moi, dit-on. Je te rappelle, dit-on. On ne tient aucune de nos promesses, on s'échappe constamment. On s'invente d'autres vies, on s'imagine aimer, être quitté, prendre, se déprendre, apprendre, ignorer, vaincre. On fait tout cela pour qui ? pour quoi ? le pacte est un commencement mystérieux. On met du temps à apprivoiser le noir, car il enveloppe le réel sur lequel on n'a d'autre prise que notre pensée, notre intelligence, notre amour, notre capacité d'être au monde.

Parfois il faut brusquer les choses, se mettre à écouter *autrement*, ne plus faire payer les séances, revenir au silence absolu, écrire ensemble des petits papiers dispersés dans la nuit comme les cailloux du Petit Poucet, inventer des chemins de traverse entre les cauchemars et la veille, s'immerger dans la musique violente, espacer les rencontres, étirer le temps à l'infini, inventer un autre espace, aller ensemble sur les berges d'un fleuve. Alors arrive quelque chose. Imperceptiblement se déplacent nos frontières. La peur, à son tour, rétrocède, cède sur le réel un peu de son emprise,

et laisse l'enfant s'endormir, trouver le repos et la quiétude, le laisse penser, s'enfiévrer, imaginer, aimer. Ce
qui est donné alors réciproquement à l'analyste, au
patient, n'a pas de prix. C'est l'invention de la vie.

Pourquoi avons-nous si peur ? Avons-nous eu si
peur ? Est-ce le prix d'être en vie ? Vraiment vivant ?
D'avoir départagé les vivants et les morts, d'avoir rendu
aux défunts leur place et apaisé leur colère, avoir réglé
ses dettes et ne plus attendre d'être payé d'amour en
retour, être quitte en somme de la défaillance de ceux
qui nous ont entourés, mal aimés, mal compris et ne
pas croire qu'il aurait pu en être autrement ? Être des
passeurs de la nuit est un étrange destin, d'ailleurs ce
n'est pas un destin, c'est une tentative de détournement
du destin.

Saccages, délires et rêves
au pays des fées

Les fées ont été inventées pour répondre au saccage. Sur les champs de mines, il faut une consolation immédiate, prière, souvenir, appel, sans quoi on meurt, non pas tout de suite (puisqu'on a survécu) mais après, comme Ivan Ilich dans la nouvelle de Tolstoï[1], d'un simple refroidissement ou d'une blessure minuscule et sans savoir pourquoi. Les champs de mines (guerres, enfance violée, bafouée, trahisons) ont cela de particulier que d'y échapper fait de vous un survivant mais parfois sans que personne d'autre ne le sache. Être un survivant n'est pas vivre et ça ne permet pas d'apprendre à vivre, ça permet seulement de ne pas mourir, d'apprendre à résister, à se battre, à se cacher, à s'échapper. Vivre, c'est autre chose. Vivre ne s'apprend pas, il faut un peu d'enfance tranquille enroulée sous vos pas, un peu de douceur accumulée, de temps pour rien, d'ennui, d'amour libre et d'images vivaces dans les yeux.

Les guerriers ont beaucoup de douceur dans les yeux, et une extrême mélancolie qui les rend infiniment

---

1. Piotr Ilich Tolstoï, *La Mort d'Ivan Ilich*, Gallimard.

attirants. Ils ressemblent à Orphée laissé seul devant l'entrée des enfers, à ne pas savoir comment faire revenir la bien-aimée d'entre les morts, puisque leur amour leur a été ravi si tôt. À peine commencé, déjà anéanti. Les disparitions se sont enchaînées jusqu'à ce qu'ils s'entraînent à la guerre, où ils excellent comme tous ceux qui par définition n'ont rien à perdre. Ils n'ont à perdre que leur corps, qui n'est pas grand-chose somme toute. Tout attachement leur est interdit et pourtant, qu'il y a-t-il d'autre à attendre au front que des lettres ? Les soldats espèrent des cartes postales, des missives, des colis, toutes ces attentions qui prouvent qu'on existe encore pour quelqu'un, quelque part, mais qui vous donnent aussi, aussitôt revenus du front, l'envie de vomir, tant l'ignorance absolue dans laquelle sont les autres de l'enfer des tranchées et des mines est insupportable.

Hélas, il n'est pas besoin d'être en 1915 pour éprouver ce qui-vive permanent qui vous laisse les yeux ouverts dans la nuit à guetter le moindre bruit et à redouter les cauchemars plus encore que le manque de sommeil et la naissance du jour. Les champs truffés de mines auront toujours l'air de champs de blé sous le soleil d'hiver jusqu'au jour où l'une d'entre elles explose et éventre le paysage, à ce moment-là seulement on y croit. Avant, c'est une hypothèse. Au mieux des points sur une carte d'état-major. L'inconscient ne cesse de vouloir la tracer, cette carte, pour vous mettre en garde. C'est là qu'interviennent les fées. Elles ont le pouvoir de vous ensorceler, de verser sur vos bras nus cette poudre d'or qui vous fera vous envoler dans le pays des songes où les enfants sont rois. La fée clochette existe, chaque guerrier l'a vu au moins une fois traverser sa nuit, son insomnie. Et c'est accompagnés par elle qu'ils traversent les territoires occupés, les villages éventrés, les maisons désertes, les animaux agonisants, qu'ils traversent sans trop regarder (parce qu'ils savent), sans trop s'arrêter (ils n'auraient plus la force de repartir), sans s'échapper non plus (ils seraient abattus comme des déserteurs), ils continuent.

Les fées sont substantielles. Elles nous offrent la douceur là où le chemin se brise et que le terrain, trop accidenté, ne permet plus d'avancer. Dans chaque adulte, il y a un enfant, et dans chaque enfant, un guerrier. Un enfant plus ou moins abîmé qui n'oublie pas. N'oublie jamais la terreur qui l'a traversé et l'attente qui l'a porté. Nous, les grandes personnes, sommes redevables envers cet enfant-là qui en nous porte cette mémoire hors mémoire d'où vient la possibilité de créer, d'aimer, de s'étonner. Vous verrez, si vous l'observez attentivement, qu'il garde, dans un recoin de sa peur, la possibilité d'une fée.

État maniaque

Vous êtes amoureux ? État maniaque.

Vous êtes enflammé, désordonné, vous n'avez plus faim, vous dormez très mal, vous avez des rêves hallucinogènes, vous imaginez des choses, vous croyez en entendre d'autres, vous déformez les propos de vos proches, vous êtes trop excité, coupable vous abrutissez les autres de vos trouvailles, vous vous sentez seul même au milieu d'une fête, vous êtes abasourdi par l'existence : état maniaque.

Aujourd'hui, il n'est pas très bon de céder à ces désordres émotionnels, vous serez vite taxé de maniaque, interdit de penser, de rêver, d'être fou. Mis sous calmant, vite fait, et si vous persistez sans faire amende honorable, vous serez hospitalisé quelque temps en cure de sommeil pour vous calmer, et vous rentrez dans le rang.

Il y a un grand nombre de personnes que l'on entend dire, d'eux-mêmes ou de leurs proches : « ils ont fait un épisode maniaque » ou encore : « un délire », d'un air ennuyé comme si l'on découvrait dans leur CV un trou noir inesthétique – bientôt réparé, promis cela ne se reproduira plus. Ni la joie souveraine, ni la tristesse de certains jours (qui dit maniaque suppose immédiatement que l'on soit dépressif aussi) ne paraîtra plus naturelle, tout état d'être un tant soit peu émotionnel sera suspecté d'extrémisme et jugé potentiellement dangereux pour le sujet. L'autre variante de plus en plus à la mode c'est : bipolaire. Comme une marque de vêtement chic. Je crois qu'il/elle est bipolaire. Air entendu de celui qui a compris, est averti du danger, ne s'y laissera plus reprendre. J'avais cru qu'il était amoureux, qu'il était sidérant, génial, merveilleux, non, il était juste bipolaire, refermez la parenthèse ; ici on médicamente.

Bienvenue dans l'ère de la maniaque-dépression. C'est ainsi que l'on qualifie aujourd'hui la folie ordi-naire mais, surtout, dont on s'en défend. Il nous faudrait un nouveau Foucault pour démonter un par un les dif-férents procédés d'investigation, de diagnostic, de poin-tage à l'intérieur du corps social de ces individus hors normes menaçant la quiétude du corps social. Ce n'est pas l'étoile jaune, certes, et l'on n'est pas envoyé à la mort, mais exilé, oui, immédiatement, et d'abord par le verdict : vous êtes bipolaire, non, on n'en guérit pas ou très difficilement ; oui, c'est une structure, on vous mettra sous médicaments toute votre vie, à moins que... avec beaucoup de chance, qui sait... L'effet de bannis-sement est garanti, de honte aussi, de malheur qui pèse sur vous et vos proches (comme ils doivent souffrir – il faut vous éloigner d'eux, les protéger de vous, vous ne comprenez pas ?). Soyons sérieux, de quoi le corps social se protège-t-il ainsi, à grands frais de médica-ments, de chambres d'hôpital silencieuses et de cures éternelles devant des psychanalystes fatigués et tout aussi silencieux ? De ce qui de tout temps a fait les génies, les rêveurs impénitents, les mystiques, les joueurs de poker, les addicts, les éternels adolescents, les asociaux, les violents, les miséreux, les assoiffés de justice, les indignés, les créateurs ? Oui, aussi. On tolère de moins en moins l'écart. C'est ainsi. Par temps d'économie dominante, l'écart met en déroute la consommation tranquille d'objets prévus à cet effet : attirer le désir vers un objet de consommation quel qu'il soit (sexuel, intellectuel, physique, technologique, il y en a pour tous les goûts). Quoi ? Tout cela ne vous suffit pas ? Tous ces loisirs, ces vacances organisées, ces lieux de plaisir, ces musiques, ces fêtes, et tout l'ennui du quotidien en pagaille ? Mais que veulent-ils de plus ? Ils ne le savent pas... En plus « ils » ne savent pas ce qu'ils veulent ! Leur désir n'est attaché à rien de précis encore. Ils ont soif d'une chose que cette société ne leur propose pas. Donc ils cherchent, et dans cette quête rencontrent des « états de conscience modifiés », non pas par des substances, mais par eux-mêmes, par la quête elle-même. Et cette jubilation les effraie, ils ne savent plus où ils en sont, ils voudraient comprendre et personne n'en dit rien, aucune parole n'est divulguée. Alors quoi ?

État maniaque.
Heureux ceux qui ont compris qu'il fallait se protéger (enfin protéger les autres) de la propagation de cette « manie » en produisant un texte, une musique, quelque chose qu'ils pourront brandir en échange : Oui, je suis un peu exalté excusez-moi, un peu fatigué, brouillon, anxieux, oui j'ennuie tout le monde avec ça mais, voyez, je suis écrivain, peintre, musicien, plasticien, comédien ; bref à ces « artistes », et à eux seuls il sera beaucoup pardonné (et encore à l'intérieur de certaines limites tout de même, sinon séjour discret à l'hôpital pour eux aussi et petits cachets bleus et blancs ni vus ni connus, surtout n'en parlez pas).

L'état maniaque est contagieux, il fait secrètement envie. Quelle est cette exaltation à laquelle ni vous ni moi n'avons accès, on a envie de se lever et de les suivre, de les épier, de connaître le secret de cette effervescence inquiète, fragile, souvent douloureuse que Kierkegaard appelait « le désespoir » sachant que rien ne pourrait en égaler l'intensité. Le désespoir comme joie extrême et sans oxymore.

Que faire de ces gens-là, ces « bipolaires » ? Ils arrivent malheureux dans les cabinets des thérapeutes pour être « soignés », guéris de cette lèpre qui les empêche de vivre doucement comme les autres, sans faire de foin, sans bruit, sans trop d'éclats, sans casse. Comment leur dire que ce délire une fois refermé, leur être connaîtra une tristesse indicible et sans nom, que dans cet exil tranquille ils perdront leur foi et le sens de leur vie, qu'ils finiront par faire une saine « dépression » sans savoir pourquoi. Ils auront oublié qu'un jour leur vie s'est ouverte en deux, a laissé passer la lumière, trop forte, trop vive, certes, peut-être, mais que de ce trésor, s'ils ne s'en emparent pas, s'ils ne s'en font pas les découvreurs, ils deviendront des fossoyeurs. Et si en plus ils sont devenus eux-mêmes médecins, thérapeutes, juges, enseignants, ils auront et sauront qu'ils sont passés corps et âme du côté des censeurs, et intérieurement ne se le pardonneront jamais, traînant le fardeau d'une vocation secrètement brisée (mais inconnue) dans un métier – à part ça magnifique – auquel ils furent secrètement ordonnés comme au bagne.

Comment leur dire de ne plus avoir peur de leur « délire », comment leur faire un signe de reconnaissance discret (sans attirer l'attention) en leur parlant de cette effrayante, effroyable « manie », en leur montrant l'extraordinaire réserve de douceur, d'intelligence, de bonté, de créativité qu'elle recèle. Ils ont accumulé tant de digues que la plupart du temps le barrage est devenu définitif, pas de retour en arrière possible, ouf ! se disent-ils, j'y ai échappé – sauvés ! Et quand cette indicible tristesse les prend, venue de nulle part, cet à quoi bon qui s'étend sur chaque moment de leur vie de vivant, comment leur dire que cette tristesse est le refus d'oublier la « manie », la folie qui les a un jour habités, un jour soulevés, un jour débordés ? On peut troquer cette part de folie contre une phobie tranquille (éviter les grandes avenues désertes, les avions transatlantiques, les serpents – surtout dans les rues trop éclairées des grandes métropoles), on peut aussi ranger cela dans l'attirail « jeunesse » avec pêle-mêle les flirts, les envies de changer le monde, les nuits blanches, l'amitié jurée jusqu'à la mort, l'envie de tout plaquer, l'amour fou, et se dire qu'on s'en est bien sorti tout de même. On a même fait une famille, on est opérationnel et surtout responsable. Comme si la responsabilité envers soi n'exigeait pas, au minimum, une fidélité absolue à ses rêves. À l'enfance, à ce qui a fait de vous cet être-là avec ces yeux-là, cette peau-là, cette démarche, cette lassitude aussi. Il ne s'agit pas de « pousser aux extrêmes », de se croire invulnérable à ce qui dans le délire peut, il est vrai, vous faire basculer de l'autre côté, dans l'enfer de l'angoisse et de la non-reconnaissance aveugle de soi.

Il n'est pas facile d'être perdu dans ces contrées-là, elles ont à voir avec des contrées dévastées par d'autres. Je veux dire que dans les « délires » sont aussi inscrits les guerres, les traumatismes, les accidents de filiation, tous les secrets, les blessures de ceux qui nous ont précédés dans les générations et que nous avons à charge, d'une certaine manière, de porter au jour, de délivrer de l'oubli. Sans les blessés défigurés de 14-18, sans les gazés de 39-45, sans les sens interdits de l'histoire (il n'y a jamais eu de guerre d'Algérie, quelle guerre ? quelles tortures ? de quoi parlez-vous ?) sans la honte, les incestes, les faux pères, les faux enfants, et tous les silences, sans les paroles meurtrières, les malédictions et les coups répétés, que seraient nos délires ? Ils sont les rêves venus de ces aires dévastées qu'habitent les spectres et les images à demi effacées qui insistent pour qu'on s'en souvienne, *malgré tout*. Ce sont les joies inconnues venues aussi de notre capacité à faire de la vérité autre chose qu'une convenance, autre chose qu'un réglage. Le délire est une reconnaissance de la vérité qui excède les capacités de notre être – ça nous déborde et nous persécute, alors on en fait des voix qui nous menacent, mais ces voix ne disent pas n'importe quoi.

La folie n'est pas une contrée inhabitée, c'est plutôt une langue oubliée. Trouver en soi les chemins pour en comprendre l'insistance, c'est permettre à ces voix anciennes de se délivrer en nous et nous, avec elles, de créer notre propre langue. C'est être des traducteurs. Passer de l'effroi au langage, de la stupeur de l'enfance à l'écoute de ce qui en nous nous parle d'autre chose, d'inconnu, certes, mais peut-être pas hostile.

Les femmes épousent aussi leur mère

Contrairement à l'idée communément admise, on épouse plus souvent sa mère que son père. S'il faut chercher dans nos attachements la répétition en coulisse de la première scène amoureuse qui s'est jouée pour nous enfant, c'est la relation au premier objet d'amour que nous cherchons à retrouver. Non pas, donc, la mère réelle, ses traits, ses gestes, son empreinte, mais le rapport qu'elle avait avec nous. Ce serait cette première relation à l'autre, globale, instinctive dont nous chercherions à perpétuer le souvenir, ou plutôt l'impact, avec celui qui partage notre vie, et qui est peut-être aussi le père de nos enfants. C'est avec lui qu'au quotidien nous retrouverons les mêmes inflexions d'une mère dont nous avons très tôt intériorisé le regard. La figure du père reste quant à elle plus transgressive, figure idéale ou haïe d'un maître à penser, un tuteur, un patron, ou bien sera un amant compliqué d'accès, difficile à voir et plus encore à dissimuler. L'instinct maternel s'infiltre partout dans la vie du couple, il endort progressivement l'érotisme pour le remplacer par une affection douce, une préoccupation maternante, des habitudes. Il est sidérant de voir combien de femmes en particulier se retrouvent aux prises avec un compagnon ou mari aussi intrusif ou bien au contraire indifférent que ne l'était leur mère. Leur besoin de reconnaissance, réactivé dans sa souffrance initiale par un compagnon peu tendre, leur fera déserter peu à peu leur corps de femme pour aller chercher ailleurs, dans l'alcool ou la nourriture, la mélancolie, les voyages, le travail, les liaisons passagères – ce qui les laisse litté-ralement sur leur faim. En quoi elles continuent à pro-téger une mère décevante qu'elles ont parfois réussi à mettre à distance humaine mais dont le fantôme se res-suscite jour après jour dans les récriminations et repro-ches doux acides d'un homme trop occupé.

La vie par procuration

L'autre aimé abrite en lui des territoires interdits en vous. Ce qu'il est au grand jour, vous l'êtes en secret, ce qu'il a obtenu, vous le désirez, et si la confiance peu à peu vous gagne, vous allez conquérir secrètement, invisiblement un à un les degrés de votre être caché et n'aurez plus besoin de lui (d'elle) pour vous représenter ici-bas.

Si je t'aime prends garde à toi, le danger de l'amour est de s'approcher de très près de ces terres brûlées dont on a confié la garde à l'autre, l'aimé. S'en approcher c'est être à nouveau dévasté, le corps commotionné par cette absence.

Elle était avocate d'affaires, plaidoiries, magistères ; les hommes de pouvoir ne l'impressionnaient pas, tous pouvaient tomber un jour ou l'autre, disait-elle. Elle avait un ami alcoolique qu'elle adorait, sans qui elle ne pouvait vivre, avec non plus. Elle assumait tout. Le haïssait pour cela aussi. Puis ce fut la mort du père et l'effondrement, inattendu. Elle lâcha tout et se fit entièrement porter par son compagnon. À croire qu'elle n'avait construit tout cela que pour lui. Il se mit à engranger les contrats, en deux ans il sortait du RMI, rachetait sa part de société à elle et cinq ans plus tard était autonome financièrement. Elle s'était mise à boire et ne travaillait quasiment plus. Dedans-dehors : l'un occupe la place que l'autre défend. Et vice versa, s'il le faut. Si l'autre n'occupe plus la place du déchu, il faut bien qu'à son tour elle-même s'y colle. Ce qu'elle faisait, s'appliquant à se détruire avec la même obstination qu'elle avait eue auparavant à réussir sa vie, comme on dit.

La mort d'un père, ça ne se commande pas. Elle fut donc adressée à la psychanalyste par son compagnon, sous la menace d'une rupture imminente « si elle ne faisait pas quelque chose pour sortir de là ». Elle était visiblement abîmée, et sans intention de s'en sortir, entrant dans le cabinet comme un taureau dans une arène, cherchant déjà l'issue, flairant l'odeur du sang, guettant les piquadors, certaine qu'à l'issue du rendez-vous il n'y en aurait pas d'autre.

La psychanalyste l'écouta – n'est-ce pas ce qu'elle était supposée faire ? – et se dit très vite que toute cette mascarade ne servait à rien. Demander de l'aide pour un compagnon qui l'exige, ça ne veut rien dire d'autre que la dépendance à laquelle on obéit pour vivre. Dépendance qui, si elle fait partie de l'amour, ne demande par la suite d'autres gages que l'obéissance. La passion, oui, d'obéir. La psychanalyste s'inquiéta seulement de la mort de ce père. Et la femme s'en alla. « Mon père, c'est une histoire terminée. » Chapitre clos. Échec de la rencontre.

La psychanalyste reçut un jour l'appel d'un homme d'affaires pressé, c'est ainsi qu'il s'annonça d'emblée, par le fait qu'il avait très peu de temps à consacrer mais qu'il devait la voir d'urgence, elle devrait lui trouver un rendez-vous le soir même ou au plus tard demain.

Elle comprit qu'il avait l'habitude d'être obéi, ou tout du moins comprendrait-il très mal qu'on ne lui réponde pas. Elle lui donna un rendez-vous pour la semaine suivante, c'était à prendre ou à laisser, avant elle n'avait pas le temps. Il vint quand même, ce dont elle avait douté, et se présenta à l'heure dite. C'était un assez bel homme, sans caractère physique remarquable mais avec une sorte d'aisance que confèrent le pouvoir et peut-être la naissance. D'emblée, il lui parla de sa compagne qui l'inquiétait beaucoup, il voulait qu'elle consulte un psy, mais elle s'y refusait absolument, et il s'était ainsi résolu à venir lui en parler pour avoir des conseils. La psychanalyste lui demanda s'il ne venait pas aussi un peu pour lui-même.

— Pas du tout, lui répondit-il sans ciller, enfin disons que je n'ai pas l'impression d'en avoir besoin, je vis assez bien avec moi-même, avec mes choix de vie aussi, ma famille et ma sexualité, ajouta-t-il comme s'il devait concéder au territoire freudien une réponse qu'on lui aurait extorquée de toute façon.

— Dans ce cas je ne peux rien pour vous ni votre amie, lui dit-elle aussi tranquillement.

Il la regarda et sans doute évalua quelques instants son degré de résistance à sa demande à lui.

— Bon, admit-il, disons que je peux vous parler de nous deux, mais ce sera en pure perte, je crois que ses angoisses viennent de beaucoup plus loin, elle a eu une enfance très difficile, enfin vous me comprenez, classique quoi...

La psychanalyste fit celle qui ne comprenait pas du tout, et qui visiblement s'attendait à ce qu'il poursuive. À nouveau, il hésita. Puis il lui expliqua que son épouse était danseuse classique dans une compagnie renommée qui faisait des tournées mondiales lors de la création de nouveaux spectacles. Il l'avait connue à New York sept ans auparavant lors d'un voyage d'affaires. Il avait été subjugué comme jamais dans sa vie et l'avait rejointe dans toutes les villes où elle était sur scène. Elle était également chorégraphe, et elle envisageait d'ailleurs de mettre un terme à sa carrière de danseuse prochainement. Elle avait déjà trente-huit ans, ce qui l'insécurisait en même temps beaucoup. Ils avaient vécu une vraie passion physique.

– ... Croyez-moi, lui dit-il en s'animant brusquement, ce que je vous dis là est vrai (le reste ne l'était-il pas ? ou moins ?) et c'est indiscutable. C'est parce que j'ai été si passionnément amoureux de chaque parcelle de son corps, de son art, de tout en elle je crois, que je vous parle ici ce soir. Tout mon corps a été modifié par cette rencontre. J'étais un étranger dans mon corps, un alien, je baisais des femmes, excusez-moi du terme mais c'était vraiment ça, je ne connaissais ni la passion, ni l'amour, ni même les sensations qui brusquement s'emparent de vous, vous font pleurer et rire, devenir fou, je vivais bardé de certitudes, sage même dans ce que je croyais être mes folies – aller voir des putes, fumer un peu de hash, séduire la femme de mon meilleur ami, etc., des conneries quoi ; je ne connaissais rien à la vie, brusquement je me suis levé à l'aube, j'ai regardé les arbres, écouté la musique, j'ai vogué avec elle dans mes bras et j'ai commencé à vivre, à respirer, à naître. Comment l'abandonner à présent qu'elle dépérit, elle est triste à mourir, même pas désespérée, dit-elle, elle n'a plus envie de se lever le matin, elle n'a plus le cœur à faire l'amour, ni à danser, ni à rêver, je lui ai mis le monde à ses pieds, je lui ai offert les plus beaux voyages, les plus beaux concerts, mais c'est en vain. Peu après l'avoir épousée cela a commencé. Et, depuis quelques mois, c'est la catastrophe. Chaque fois que je m'en vais à l'étranger, et je le fais assez souvent, elle panique, mais quand je suis là, elle est une ombre, méconnaissable. Je ne sais plus quoi faire.

Ce que la psychanalyste découvrit au bout de quelques mois, c'est que l'homme qui lui parlait avait décidé d'acheter un bâtiment pour accueillir un studio de danse, afin de faciliter les répétitions des chorégraphies qu'elle réalisait, puis il avait en quelque sorte « acheté » une compagnie de danse, c'est-à-dire qu'il s'était comporté en mécène, l'avait financée, d'abord partiellement, puis entièrement. Ce qu'il accaparait ainsi, voulant aider, croyait-il sa compagne, c'était « l'esprit de la danse » en quelque sorte, c'est-à-dire précisément ce que les hommes de pouvoir ne pourront jamais s'acheter. Il avait besoin secrètement de l'affaiblissement de sa compagne pour gagner en puissance et devenir, sinon danseur, du moins celui qui permet à la danse d'exister.

Vivre par procuration nous donne accès à une part de nous-même refoulée, voire complètement interdite. L'autre donne consistance à ce qui nous anime secrètement et, ainsi, nous délivre d'avoir à l'assumer nous-même. Mais avec le temps, nous lui en voudrons d'exprimer si librement ce qui, secrètement, nous reste interdit d'accès, et nous pourrons finir par haïr en lui ce que précisément nous avions tant aimé. Ou bien, au fur et à mesure que nous irons à la recherche de ce qui nous anime le plus essentiellement, notre désir, nous nous détacherons de celui qui venait mettre au jour nos passions secrètes ou nos blessures ignorées. Telle femme ayant un vécu d'abandon très profond mais étant élevée dans une famille en apparence tout à fait « normale » peut épouser un « né sous x » pour qu'il exprime à sa place à elle ce vécu traumatisant dont elle ne peut se délivrer. Il sera sa bannière en quelque sorte, et incarnera à sa place cette honte et cette terreur de l'abandon.

Mais si elle prend le temps de reconnaître en elle cette souffrance, il est possible qu'elle le quitte, se rapprochant d'elle-même, elle s'éloignera de cette vie par procuration qu'il lui offrait sans le savoir. Et ce pacte, dans un couple, est souvent réciproque.

Cet homme mit longtemps à accepter de cette analyse qu'elle lui fasse renoncer à son jouet – le mécénat de danse et tout ce qu'il maîtrisait ainsi – et à délivrer la femme qu'il aimait, la danseuse si follement aimée, de la terrible rivalité qui lui faisait l'asservir secrètement à ses desseins à lui. Ce furent des années de lutte et, finalement, elle partit, le laissant hébété, ayant compris enfin que tout ce qu'il avait cru faire pour l'aider ne faisait que l'annihiler, elle, et la tenir enfermée. La vie par procuration est une drogue intense.

Bisexualités

La bisexualité, quelle étrange affaire... ! Qui n'a jamais été un jour attiré par la beauté, la grâce ou la force d'une personne du même sexe que soi ? Aujourd'hui les contours des identités semblent plus flous, mais cela a-t-il pour autant un effet dans les pratiques de la sexualité ? Il semblerait que l'on puisse répondre que oui. Qu'entre l'homosexualité et l'hétérosexualité les frontières sont plus fragiles que naguère et n'obéissent sans doute plus aux mêmes interdictions, empêchements, choix d'objets, trajets pulsionnels. Il faudrait, là encore, ré-entrer dans les pas de Foucault pour comprendre ce qui est en jeu dans les nouvelles pratiques amoureuses et quels paradigmes ont changé. Et même alors, il faudrait toute la finesse d'une longue expérience clinique mais aussi des champs de pouvoir du corps social pour pouvoir retracer ce qui s'exprime en filigrane et beaucoup plus souvent qu'avant dans les pratiques sexuelles naguère jugées déviantes. Il n'est pas rare aujourd'hui d'écouter un adolescent vous parler de sa libido exacerbée, de son mal-être, etc., mais il y a bien une chose qu'il ne dira pas facilement, c'est ce qui l'a fait passer d'un corps de garçon (c'était mon ami, et puis c'est allé un peu plus loin...) à une jeune fille avec laquelle il s'apprête à habiter ou bien au contraire le fait qu'une jeune fille fasse l'amour avec ses amies mais préfère quand même les garçons ?

À l'adolescence, ce qui se joue dans la découverte de la sexualité (ou son manque), ce n'est pas seulement l'envie, le trouble procuré par le corps de l'autre, mais d'abord par son propre corps à soi, cette pulsionnalité qui se réveille avec une telle force qu'elle envahit littéralement le sujet au risque de fragiliser ses défenses, c'est-à-dire ce qu'il peut se représenter de son identité. Ce qu'on appelle l'amitié alors mobilise toute la passion du sujet (passion de savoir, de perception, de sensorialité – détournée de la sexualité mais à fleur de peau et pouvant réintégrer d'un coup les zones érogènes). Et c'est le plus souvent avec un autre du même sexe que l'exploration de toutes ces zones passionnelles et sensorielles sont activées. Il est fréquent qu'à ce moment-là le trouble rencontré par cette excitation de l'être entier qui est aussi de l'ordre du savoir, où soma et psyché sont confondus, rejaillisse sur ce qu'on appelle un peu vite le « choix » de l'autre sexe – ou du même sexe en l'occurrence. Je veux dire que ce trouble est d'une certaine manière de l'amour à part entière et que franchir la ligne qui sépare l'excitation émotionnelle amicale de la sexualité à ce moment-là est de moins en moins rare, ou disons plutôt qu'elle est moins stigmatisée, moins transgressive qu'avant. On tolère mieux ces flottements et du coup les adolescents et postadolescents peuvent s'installer en quelque sorte le long de ces frontières mouvantes sans pour autant ni verser du côté d'une prétendue « perversion » (vouloir « avoir » les deux sexes, ou l'être), ni renoncer à choisir un jour de s'installer plus durablement dans une relation avec un ou une autre et fonder, qui sait, une famille.

Dormir avec des filles quand on est une fille de vingt ans aujourd'hui n'a plus rien de transgressif, si ce n'est peut-être que d'accepter le plaisir procuré lorsque l'on a encore les contes de son enfance dormant sur l'étagère de sa chambre d'enfant. S'installer avec une fille, c'est autre chose, car là commence la frontière toujours si délicate entre choix privé et communautarisme. Les communautés homosexuelles vivent encore du souvenir du temps où il était proscrit d'aimer un être du même sexe ouvertement, quand elles opéraient comme un relais entre la société civile et le droit privé du sujet pour protéger la vie privée, faciliter les rencontres, les rapports à tous les niveaux sociaux, mais aussi défendre le droit de ce choix et les conséquences tant sur le plan public qu'au niveau du droit de la famille par exemple (voir l'aventure du pacs). Or ces communautés sont aussi jalouses de leurs prérogatives et l'on n'échappe pas si facilement aux frontières assez brutes qu'elles imposent à leurs « sujets » ainsi qu'aux codifications minimales, néanmoins bien présentes qu'elles défendent, voire qu'elles exigent. Passer d'un mariage à un amour clandestin puis faire son « coming out » homosexuel, très bien, mais c'est une fois pour toutes, alors que se promener de l'une vers l'autre rive sans savoir où se fixer, quitte à revenir au choix antécédent, cela est très mal vu, car c'est la communauté entière (homosexuelle ou hétérosexuelle) qui se trouve menacée dans ses valeurs et probablement dans sa fonction protectrice. De même pour la mafia, on peut la quitter mais pas s'amuser à aller et venir in et hors de ses frontières, sauf au péril de sa vie. Ici on n'est pas à Naples, la vie humaine n'est pas en jeu, pourtant, des vexations, des phénomènes d'isolement, de pression psychologique et de mise au ban oui, sont à craindre. Alors ces êtres-là chez qui l'identité sexuelle reste indéfinie, floue, disons-le ainsi pour le moment, préféreront, plutôt que heurter ces communautés, s'afficher clairement dans l'une, l'hétérosexualité par exemple, et naviguer clandestinement dans l'autre, soit en « passant à l'acte » de temps en temps, soit en entretenant une sorte de double vie, aussi discontinue soit-elle, hors des regards méfiants.

La bisexualité reste un champ d'exploration immense à penser, à interroger. Il convient d'être à l'écoute avec une finesse sans jugement pour qu'au détour d'une confidence, d'un appel, ces préférences secrètes qui peuvent vous attacher d'amour à un homme puis à une femme (ou le contraire) ne soient pas tout de suite étiquetées sur la palette des vices ou des perversions ordinaires et puissent être entendues autrement.

Partir. Revenir, fiction et réalité

Il arrive qu'on se sépare d'une personne qu'on aime encore. La séparation est faite, les choses dites, agies, et pourtant un doute subsiste, mêlé à la culpabilité d'être partie pour un autre. Ai-je bien fait ? On pense aux enfants, au mal qu'on leur fait, on se souvient des belles choses et dans les bras de l'amant qu'on a (enfin) eu le courage de rejoindre et à qui on a dit oui, on pense à revenir. Et cette pensée-là est douloureuse, insistante, irréfléchie. On sait l'évidence de cet amour et pourtant le doute s'insinue quant au passé, la rupture décidée par vous devient presque un abandon, et vous vous prenez à rêver que l'autre, le père de votre enfant vous pardonne, vous invite à ce retour. C'est le syndrome d'Eurydice. Il ne faut pas se retourner. Parce qu'alors. Revenir c'est mourir à soi-même et être doublement infidèle, à cet amour à qui vous avez dit oui, de tout votre être et de tout votre corps, et à ce passé que vous allez vouloir ressusciter à toute force alors qu'il faudrait l'inventer tout court, ne pas le chercher dans le passé précisément, mais dans un avenir renouvelé. Or c'est impossible puisque vous êtes déchirée.

Le retour est presque toujours une fiction impossible, sauf si le départ n'était qu'un prétexte pour dire à l'autre : reprends-moi, en fait je t'attendais. Et pourtant l'illusion d'un retour possible peut persister longtemps, il est déposé en nous comme un rêve initial, comme si tout pouvait être annulé, effacé et repris au creux de la main. C'est le mirage de la famille – qui sait ? – l'écho de ce ventre premier qui nous a accueilli et que l'on retrouverait intact sous les traits de celui, ou celle, qu'on a tant aimé – sorte de terre promise (que l'on se promet à soi, de retrouver). Et ça ne marche pas. C'est une guerre intime, un champ de bataille, des attentes déçues, un désir de reconnaissance inassouvi, du ressentiment qui éclate pour des bêtises au quotidien « tu ne vois pas tout ce que je fais pour toi », « tu as encore oublié... », etc., la litanie n'a pas de fin. Elle est l'écume de cette indicible attente d'un paradis perdu, ce *lost paradise* qui n'a d'autre nom que l'enfance peut-être et même quand celle-ci a été saccagée – c'est le plus inquiétant.

Revenir auprès de l'homme que vous avez aimé et que vous avez quitté, c'est croire que l'on peut revenir sur ses pas comme si ces pas n'avaient pas franchi irréversiblement un espace de vie qui dit quelque chose de très violent sur nous-même et qu'on préférerait sans doute ignorer en même temps qu'on le vit.

La littérature est le plus grand réservoir de cet acte-là : le retour impossible. Et c'est être fidèle à votre amour passé que de poursuivre en avant. Mais la nostalgie qui vous guette n'est pas uniquement construite par la culpabilité, elle est faite d'une texture plus intime, plus secrète, celle des rêveries et des songes, d'une pensée qui court sous la surface de notre pensée consciente comme l'ombre portée de celle-ci.

Face à cette tentation du retour, que peut l'analyste ? Entendre la souffrance de celle qui hésite et doute, au bord de ce retour, en larmes, impatiente, assoiffée d'une parole qui viendrait la retenir et la calmer, la combler, lui faire tout oublier. Et puis il y a son enfant, qui chaque jour lui rappelle « la famille perdue » et cette souffrance à laquelle elle ne sait pas répondre. L'amante du père ne sera jamais une autre mère, et l'enfant le sait. Une alliée parfois, une ennemie aussi, celle qui a pris le cœur du père si complètement que l'enfant ne sait plus très bien quelle place il lui reste à lui. Il faut du temps pour que la parole se délie de la faute (être partie), de l'attente (tout ce qui restait à dire, à confronter, qui n'a jamais pu être donné) jusqu'à ce que cette tentation du retour se dépose là, au creux des séances comme un impossible qui donne aussi vie. Qui accorde un espace nouveau, intermédiaire. Mais de l'analyste ne viendra jamais la parole espérée qui dit oui, vous avez raison – ou tort. Ce retour, il est d'abord un nécessaire retour sur soi, comme une révolution, une ré-volte, une volte vers soi où ce qui se désapprend c'est précisément toute la certitude que l'on avait d'être, de penser, sur des rivages sûrs. Il faudra descendre la rampe d'un doute ô combien plus vertigineux, celui qui assure le désir.

La chambre d'écho de l'analyse est un espace où il est difficile de se tenir car toute certitude de votre intime identité se voit menacée, interrogée par une voix plus sourde, impalpable, sibylline qui s'exprime en creux, dans les silences, les actes manqués, les colères, les oublis de rendez-vous, voix qui s'est trouvée bâil-lonnée empêchée depuis longtemps et qui trouve dans cet accueil (l'écoute dite flottante de l'analyste) matière à se cristalliser, à réagir chimiquement presque et dès lors à apparaître, à se faire entendre, du sujet et de cet autre qui est là, souvent silencieux mais pas toujours, ouvrant une amplitude raisonnée à cet écho fiévreux de votre amour.

L'événement de l'amour

L'événement ; ce qui arrive.

Peut-on penser ce qui arrive à l'instant même où cela se déploie, en vous et à l'extérieur de vous ?

Deux événements président à la vie humaine, impensés : la naissance et la mort. De la naissance, aucune conscience ne subsiste sauf l'éveil même de la pensée, mais hors mémoire. De la mort – si nous pouvons être lucides jusque-là – c'est à l'instant où elle se résout en nous que l'évenement nous échappe ; il a lieu et nous ne sommes plus.

Penser l'événement, c'est penser le passage de la puissance à l'acte, selon Aristote. *How does it happen ?* Comment l'événement se réalise-t-il ? Imaginez un rhinocéros là dans cette salle de cours, disait Russell à ses étudiants, cette idéalité a-t-elle vraiment moins de réalité que nos corps mêmes ? Ce que le langage peut matérialiser devant nos yeux et pour nous suffit-il à faire l'événement ? Aujourd'hui, tout tendrait à le penser, en effet. Quel rapport avec l'amour ? L'amour est l'événement même – son essence la plus inavouable. Est-il lui aussi un pur effet de langage ?

L'événement est la condition pour que quelque chose soit pensé ; existe. Un événement ne se réduit

191

pas au seul fait accidentel,du type : « un homme tombe amoureux », ou bien à une valeur mathématique, au temps qu'il fait, à un rêve. Il ne peut revenir et il ne peut changer. Le changement suppose une permanence du sujet, un substrat. Or un événement ne change pas, il passe. L'événement est un concept réalisé, sorte d'ovni pour la philosophie puisqu'il n'est ni une substance ni un sujet. Il arrive, c'est tout.

L'événement est un objet filant qui a pour seule propriété d'arriver et de laisser une trace. Un événement est inaugural, il est une sorte de conversion. La conversion d'Augustin au fond d'un jardin en Italie, par exemple, quand la grâce le terrasse. Penser l'événement, c'est penser ce qui à l'intérieur d'un protocole ne devrait pas arriver mais arrive pourtant ; c'est ce qui fait sensation, c'est-à-dire ce qui nous touche essentiellement. Organiser un événement c'est comme planifier une rencontre, sachant que tout se passera sans doute autrement que prévu. Comment penser l'irréparable ? Comment accueillir l'événement sans l'empêcher par avance à tel point qu'il se fige, se fixe, pour qu'il y ait de la grâce et du soudain dans l'échange ? Tout événement est-il amoureux ? Nous prépare-t-il à une rencontre, à cette commotion avec l'autre où s'entrelacent nos possibilités d'être ?

L'événement n'est supportable que parce qu'il fait sens. Pour Hegel, ce qu'on appelle événement n'est pas l'occurrence du quelconque quelque part mais l'irruption toujours décisive et imprévisible pour la pensée d'un changement réel auquel la culture du temps assigne un sens digne de la transformer en retour. Le besoin de donner sens que nous avons est notre « horizon interprétatif », dirait Ricœur, il est important de le penser car c'est lui en retour qui nourrira notre aptitude à penser le nouveau. Sinon, nous risquons de nous replier sur une logique névrotique rassurante (penser l'avenir à partir des seules données du passé) et nous interpréterons de faux événements, nous nous griserons de dramaturgies vides destinées à éblouir et nous créerons de nouveaux protocoles pour nous protéger de la stupeur.

La pensée de l'événement est dangereuse : héroïsation, dramatisation, réverbération médiatique. C'est un malentendu (presque toujours). L'événement est du côté du presque-rien, de l'infime, du *I'd rather not to* de Bartleby qui déplace un monde avec deux, trois mots. C'est un point de résistance extrême au réel avec trois cailloux, deux syllabes. Il faudrait penser l'événement comme avènement, naissance, dans ses commencements presque inaudibles. Je te vois, je te reconnais, je t'effleure et l'amour se condense à une vitesse fulgurante dans ces deux trois écarts, ma main, ton geste, ta réponse décalée de quelques secondes par l'émotion, ce silence posé en travers de nos corps comme une interdiction d'aller plus loin. L'amour est cet événement qui nous rend capable de nous transporter dans l'autre, de nous déserter pour choisir l'adversaire contre soi. L'amour est en dépit de la violence, de la bêtise, du style, de l'envie, du rêve, il est constamment à contre-temps. Il est dans le ravissement et le dégoût, une désappropriation de soi, un désaveu. On ignore ce qui chimériquement s'imprime en nous dès les premières heures de la vie et qui resurgira dans tel ou tel attachement à une certaine couleur de peau, une certaine odeur, vers ce geste-là, cette désinvolture, cet accent, ce mouvement de hanche à peine marqué, cet espacement entre les mots. On ignore presque tout.

Mais, dans cette ignorance, il y a un génie. Il y a de l'outre-tombe, de l'entre-rêve, c'est-à-dire un rivage qui s'étend bien plus loin que « moi-même » et anticipe pour nous les batailles à venir, se rend avant d'avoir combattu. L'amour comme événement pris entre deux « happenings » : disparition-apparition : la naissance, la mort. L'inouï, c'est l'audition du nouveau-né, c'est l'air qui entre dans ses poumons si jeunes, et cette liberté qui infuse tout son être avec la toute première angoisse : être seul. Est-ce à ce prix que l'on est libre ?

Tout événement est amoureux. En cela dangereux, imprévisible, incontrôlable, asocial. L'avant/après créé par cette rupture est traumatique plus qu'une expérience, sujet dissous comme brûlé, pas de grande dramaturgie, juste une dissidence. Quelque chose qui ne se referme pas. Il y a de la ferveur. De l'inquiétude. L'événement est repris par la mémoire, il se fait lisse, retourne dans le flot de l'histoire. Mais le point d'impact en nous demeure, irrésolution originaire. Seuils non refermés. Naissance et mort. Ce nom-là de l'amour.

Comment parler de l'amour, de cette folie et de ces silences ? Quel est ce lien dont la nature secrète est de nouer un pacte impossible, prononcer un serment déjà délié de sa promesse ? Nous venons du deux. D'un ventre, d'un souffle, d'une parole, d'émotions qui se succèdent, de mouvements intimes et nous naissons à la solitude. Entourés, portés, mais seuls. La mélancolie qui nous habite tous vient de cette séparation initiale, impensable, cette déchirure a un reste en nous, inentamé. Une sorte d'accident radical qui nous fait chercher à l'intérieur de l'amour, la réminiscence de cet espace matriciel premier, ce refuge absolu où « je » n'existais pas encore. Cette recherche-là est assoiffée, incapable des jeux de l'érotisme où la différence déploie ses chatoiements. L'exil n'est qu'une répétition de cette expérience première fondatrice que nous oublions. Et la nostalgie qui l'accompagne. Il était une fois... Dans les contes, il faut affronter des périls pour qu'enfin la métamorphose libère le prince de ses habits de grenouille ou de chat. Le château endormi se réveille et avec lui ses habitants, la princesse endormie revient à elle et la malédiction est levée... On dit, c'est la vie. De traductions en traductions, la langue première s'est perdue et nous cherchons toujours à retrouver la résonance de sa prononciation en nous.

« Que voulez-vous de moi ? » est notre prière d'enfant. Renouvelée plus tard aux morts, puis aux vivants. L'ignorance qui vient de nos origines, de ce qui fut dit, silencieusement ou peut-être ignoré, trame en nous des territoires secrets. Temps volé à ce que l'on doit à l'autre, d'attention, d'extrême vigilance, de secours. Une poche de temps pour résistance, malgré soi – contre l'emprise. Quand pouvoir séparer le tien du mien est une question de survie.

En cas d'amour : que faire ? Axe autour duquel tourne toute vie : aimer, être aimé. Avec toutes ses déclinaisons : reconnaissance, peur d'être abandonné, morsure de la jalousie, désir de possession, envie, délivrance, haine, détachement, paix. Est-ce d'avoir été porté dans un ventre qui nous rend ainsi à la merci de ce sentiment inconstant et sauvage pour lequel nous sommes prêts à abdiquer tout le reste ? Nos secrets ont pour axe cet amour. Le malheur est que l'on veuille y faire entrer toute une vie, et concilier passion, amour et paix comme si la violence était un pur accident, la fragilité une erreur et l'ennui un handicap passager. Mais le secret qui porte le nom de l'amour est comme l'empreinte de notre propre nom, sa doublure silencieuse, son alibi. Avoir été porté par une mère, c'est avoir connu le mouvement, la fragilité, la voix, la texture même d'un autre plus intérieur à soi que soi-même, « doublure silencieuse » de notre propre soi.

Philosopher, c'est faire hospitalité à la pensée. Or lui faire hospitalité c'est se faire violence à soi, s'ouvrir à ce qui en nous n'est pas nous mais relève d'une universalité (la première c'est la langue hors laquelle le sujet est fou, littéralement privé d'accès au je, substrat universel par excellence). Cette ouverture est un *taumazein*, disait Aristote. Un symptôme pour la psychanalyse. Le désespoir, l'étonnement, le doute, sont autant de noms qui mettent en branle la pensée. Ce qui conduit un patient au chevet d'un analyste est l'a priori sans lequel la pensée ne commence pas. Un ébranlement profond de l'être et une mise à distance. Et l'événement de l'amour.

Faire hospitalité à la pensée, c'est dire que c'est la pensée qui vit en nous et non l'inverse. Ici pas de sujet ravi mais une pensée sans sujet qui rencontre le monde. À notre charge de lui faire hospitalité ou non. Pour Socrate, les idées vraies sont « hors sujet », pas d'intimité, pas de petit ego souffrant les maux de son époque, pas de boîte noire, la pensée s'ouvre sur l'universel commun. Et si la passion est le recroquevillement du moi sur un beau corps, l'attelage ailé n'avance plus. L'écartèlement sied mal à l'universalité.

Kierkegaard a toujours eu une conscience aiguë de la nécessité pour le philosophe de penser en retrait, non dans le rapport à l'existence ni même au savoir empirique, mais en retrait de l'illusion esthétique qu'entretient l'immédiateté avec la connaissance. Si l'âme se retranche du temporel, ce n'est pas pour échapper au subjectif mais pour l'éprouver jusqu'en ses limites. « Seulement l'horreur approchant le désespoir développe en l'homme ses forces les plus grandes », écrit Kierkegaard.

Il n'y a pas deux personnages en soi qui se disputent le champ de nos passions, la conscience et l'inconscient faisant figure ici d'ennemis impénitents dont le corps serait le lieu des dernières batailles. Le champ de nos forces psychiques serait plutôt comme un feuilletage très subtil ou disons, en termes plus deleuziens, un territoire dont certaines zones se découpent, se recoupent, sont retranchées, hors d'atteinte – il y a de multiples passages et de mutiples voies de résistance aussi. Nous sommes au balbutiement de cette connaissance-là, mais ce qui nous est donné de percevoir, de recevoir, d'appréhender malgré tout, c'est l'extraordinaire subtilité du jeu mis en place, la plasticité de ces territoires, de ce très fin feuilletage. Qu'une partie de nous-même ne veuille rien savoir de notre désir, cela ne fait, je crois, aucun doute. Admettre que la vie que nous vivons est celle que nous « voulons » même lorsque cette vie-là nous fait pleurer est tout aussi difficile, il est tellement plus tentant de penser que les circonstances extérieures, les hasards de bonne ou mauvaise fortune ont conduit la plus grande partie de votre existence. Mais changez les circonstances, le pays, les habitudes, et vous verrez que les mêmes contours d'une même vie se dessinent sous vos yeux étonnés. Je veux dire qu'on ne plie pas si facilement le désir à la loi de la conscience, car il la déborde largement et c'est dans la rencontre avec le réel (pas la réalité) qu'il se dévoile un peu. Alors, une fois encore, que peut une cure de parole contre la mélancolie, l'envie de disparaître de ce monde, le chagrin, la déréliction ? Si la psychanalyse est l'un des événements possibles de l'amour, elle est en ce sens une sorte de révolution silencieuse dont l'axe secret est ce qui se passe d'insensé entre deux personnes qui ne se toucheront jamais et qui, seulement, se parleront.

L'événement de l'amour est une machinerie sans objet, qui se renforce quand elle se perd, se perd quand elle se garde, échappe quand on la possède, vous dépossède de tout, quoi que vous possédiez, vous rend puissant et vous désarme définitivement. L'événement de l'amour est présent dans une analyse comme un catalyseur précieux, inévitable et impossible à maintenir comme à provoquer. Il peut seulement « advenir » de son propre mouvement et dès lors mettre en branle de telles forces en chacun de nous, que l'on soit allongé sur le divan ou seulement exposé là, face à l'autre, implorant une aide à laquelle par ailleurs on ne croit pas. Que peut une « *talking cure* » contre le délire amoureux, la peur d'être abandonné, les blessures d'une enfance bafouée, la jalousie qui vous torture ? La parole c'est du corps, du corps en bloc et en morceaux, des affects, des segments de vie, de mémoire, des rayures à la surface des mots, remplis comme des outres de souvenirs. J'aime l'ignorance de l'amour, sa persistance terrible en dépit de tout et son abaissement devant la moindre chose quand il est déjà mort. La parole adressée à un témoin crédité d'une compréhension magique de votre âme, qui n'a été d'ailleurs témoin de rien de ce dont vous lui parlerez, témoin inutile, décalé, absent, témoin qui n'a d'autre stature que de tenir une

198

place au présent, là, auprès de vous qui souffrez et qui saura tenir cette place indéfectiblement. Ce témoin n'a à vous offrir qu'une écoute flottante, partielle, une écoute au fil de sa propre expérience, souffrante ou méconnaissante. Et le miracle est que, parfois, entre ces deux méconnaissances, celle du sujet sur sa propre histoire, son désir, les raisons ou déraisons de son amour et celle de l'analyste, son ignorance, son absence d'entendement de cette histoire-là – ce qui a eu lieu dans votre vie –, se produise un événement. Un événement qui est de l'ordre de l'amour (on dit transfert, c'est plus sage), un événement qui est une rencontre. De cette méconnaissance naît un savoir étrange, un savoir « en avance », qui peut défaire la fatalité. Quel miracle ! Car lorsque ce savoir surgit, il prend par surprise les deux protagonistes de cette histoire, de ces séances, répétitives, assommantes, terribles. Il surgit de l'intérieur de cette toute petite chambre noire où il était caché en négatif et ce qu'il révèle (qui était, faut-il le croire, contenu là déjà ? ou en simple formation ?) est une préfiguration de l'avenir, du déploiement de l'être en direction de l'avenir, d'un avenir qui ne serait pas déjà écrit par la peur du passé, par les fautes répétées, par l'esclavage des peurs en chaîne et des enfermements divers. Il est une prophétie intime, adressée à un autre qui l'entend, qui entend se former ce trésor très simple et très pur d'une parole nouvelle dans un corps délivré.

Table des matières

Mise en page

44400 Rezé

Achevé d'imprimer en novembre 2014
par Novoprint (Barcelone)

Dépôt légal : décembre 2011

Imprimé en Espagne